高校英语跨文化教学研究

聂洪敏 著

汕头大学出版社

图书在版编目（CIP）数据

高校英语跨文化教学研究 / 聂洪敏著. -- 汕头：汕头大学出版社，2023.12
 ISBN 978-7-5658-5200-8

Ⅰ. ①高… Ⅱ. ①聂… Ⅲ. ①英语－教学研究－高等学校 Ⅳ. ①H319.3

中国国家版本馆CIP数据核字（2024）第004126号

高校英语跨文化教学研究
GAOXIAO YINGYU KUAWENHUA JIAOXUE YANJIU

| 作　　者：聂洪敏
| 责任编辑：陈　莹
| 责任技编：黄东生
| 封面设计：李　静
| 出版发行：汕头大学出版社
|　　　　　广东省汕头市大学路243号汕头大学校园内　邮政编码：515063
| 电　　话：0754-82904613
| 印　　刷：廊坊市海涛印刷有限公司
| 开　　本：710mm×1000mm　1/16
| 印　　张：10.75
| 字　　数：200千字
| 版　　次：2023年12月第1版
| 印　　次：2024年3月第1次印刷
| 定　　价：58.00元

ISBN 978-7-5658-5200-8

版权所有，翻版必究
如发现印装质量问题，请与承印厂联系退换

随着科技的进步与经济的发展，不同国家、不同种族、不同民族的人能够频繁地接触和交往，全球化已成为世界发展的必然趋势，任何国家都不可能孤立、封闭地发展，跨文化交际与文化交流已成为时代的一个突出特征。但是不同国家地域有着不同的历史背景、文化内涵、思维方式、价值取向、行为规范、社会习俗等，因而在言语沟通、行为举止、交际习惯、生活习俗等方面都有很大差异，给跨文化交际造成了极大的障碍，所以跨文化交际的研究与学习就显得尤为重要。高校英语教学本身和跨文化交际存在着密不可分的关系。只有将跨文化交际与高校英语教学有效融合，才能使学习者意识到英语在跨文化交际中的价值和意义，也才能使学习者更深入地理解语言背后的文化知识，掌握从文化视角思考语言应用的方法，从而全面提高学习者的跨文化交际能力。

本书属于高校英语跨文化教学方面的著作，主要介绍了英语教学中的文化差异及其对英语教学的启示，重点探讨了英语教学中的文化教学，讨论了英语教学中的跨文化交际与跨文化非语言交际，将文化差异知识贯穿到英语教学实践中，研究了文化差异下的英语词汇、阅读、写作、翻译等的教学，并对跨文化交际能力培养进行论述。本书能为外语教师的跨文化教学课程设计与课堂建设提供一定的思路，同时可作为高校师生的外语教学或学习的参考书，对从事英语跨文化教学的工作者有一定的参考价值。

本书借鉴了一些专家和学者的研究成果，在此表示衷心的感谢。由于作者水平有限，书中难免存在不足之处，恳请广大读者批评指正。

第一章 高校英语教学概述

第一节 高校英语教学的基本关系 1
第二节 高校英语教学的基本原则 6
第三节 高校英语教学的目标、模式、方法与手段 12

第二章 英语教学中的文化差异

第一节 中西文化差异 24
第二节 文化差异对英语教学的影响与启示 38

第三章 高校英语文化教学

第一节 高校英语文化教学的内涵与内容目标 48
第二节 高校英语文化教学的意义与策略 56

第四章 跨文化的语言交际与非语言交际

第一节 跨文化的语言交际 63
第二节 跨文化的非语言交际 73

第五章 跨文化视阈下高校英语基础知识教学

第一节 跨文化视阈下高校英语词汇教学……………………88
第二节 跨文化视阈下高校英语语法教学……………………97

第六章 跨文化视阈下高校英语基本技能教学

第一节 跨文化视阈下高校英语听力教学……………………108
第二节 跨文化视阈下高校英语口语教学……………………113
第三节 跨文化视阈下高校英语阅读教学……………………117
第四节 跨文化视阈下高校英语写作教学……………………125
第五节 跨文化视阈下高校英语翻译教学……………………130

第七章 高校英语教学中跨文化交际能力的培养

第一节 跨文化交际能力培养的认知……………………………139
第二节 跨文化交际能力培养的情感体系………………………146
第三节 跨文化交际能力培养的行为体系………………………152
第四节 高校英语跨文化教学的策略……………………………156

参考文献……………………………………………………………162

第一章
高校英语教学概述

第一节　高校英语教学的基本关系

一、英语与汉语之间的关系

汉语是中国人的母语，少年在开始学习英语时已经能够比较好地使用汉语进行交际。也就是说，他们已经掌握了一定量的汉语词汇和基本语法，具备了使用汉语进行听说和读写的能力。而英语是他们作为一门外语来学习的目标语。在谈到母语和目标语之间的关系时，人们经常谈到的是"迁移"的问题。迁移本来是一个心理学术语，指学习过程中学习者已有的知识或技能会对新知识或技能的获得产生影响。20世纪50年代，语言教学研究吸纳了迁移理论，认为母语迁移会影响外语学习，迁移是外语学习者经常采用的一种学习策略，它指学习者利用已知的语言知识，去理解新的语言。

（一）语音迁移

语音迁移是语言迁移中最为明显也是最为持久的现象。人们普遍认为第一语言对第二语言的习得具有很强的影响力，最为明显的证据就是第二语言学习者的外国口音。英语和汉语分属不同的语系，两者在语音方面存在很大的差异。第一，汉语是一种声调语言，用四声辨别不同的意义。而在英语中，语调起着非常重要的作用，这一点很容易给北方方言的学生造成特殊的语音语调的困难。第二，英语和汉语的音素体系差别较大，两种语言中几乎没有发音完全一样的音素。

(二) 词汇迁移

初学英语的人很容易认为英语和汉语的词汇存在着一一对应的关系，每个汉语词汇都可以在英语中找到相应的单词。其实，一个单词在另一种语言中的对应词可以有几种不同的意义，因为它们的语义场合不相吻合，呈现重叠、交叉和空缺等形式。初学英语的人往往会把汉语的搭配习惯错误地移植到英语之中，于是出现了许多不合乎英语表达习惯的句子。英汉两种语言文化的差异也会导致两种语言词汇意义的差异。除少量的科技术语、专有名词在两种语言中意义相当之外，其他词汇的含义在两种语言中都或多或少存在着差异，这些差异都有可能导致负迁移现象的发生。

(三) 句法迁移

句法就是组词造句的规则，也就是传统所说的语法。英汉两种语言在句法方面有一些相同之处，同时也存在着很大的差异。首先，汉语是一种分析性语言，没有严格意义上的形态变化，主要通过词序和虚词的使用来表达各种句法关系。而英语语法结构清晰，有固定的规则，因此学习起来相对容易。此外，英语单词构造简洁，一个词往往有多种意义，并且可以与其他词搭配以传达多种意思。这种特性使得英语听起来清晰易懂，易于掌握和学习。英语和汉语的这种差异很容易导致中国的英语学习者产生疑惑，尤其是对于初学者来讲，他们很容易受到汉语的影响，在使用英语时忘记词汇形态的变化。例如，名词的单复数、代词的主格与宾格形式、动词的时态变化等。其次，英语重形合，句子中的词语和分句之间常通过语言形式手段（如关联词）来表达意义和逻辑关系。汉语则重意合，其意义和逻辑关系往往通过词语和分句的意义表达。受此影响，中国学生在使用英语时常按照汉语的习惯只是简单地把一连串的单句罗列在一起，不用或者很少使用连词。另外，英语和汉语在静态和动态方面也呈现出一定的差异。

迁移并非总是坏事。有的时候，由于英汉两种语言之间存在着很多相似或者吻合的地方，中国学生在学习英语时可以利用已有的汉语知识，促进英语的学习。例如，汉语中的形容词都位于它所修饰的名词之前，而英语也同样如此，当学生学习了 beautiful 和 flower 两个词之后，就会很自然地说出"a beautiful flower"。

二、外国文化与中国文化之间的关系

英汉两种语言文化的差异也可以导致文化迁移现象的产生。文化迁移是指由于文化差异而引起的文化干扰，它表现在跨文化交际中，或外语学习时，人们下意识地用自己的文化准则和价值观来指导自己的言语和思想，并以此为标准来判断他人的言行和思想。文化的内涵分为三个层次：第一个层次是物质文化，它是经过人的主观意志加工改造过的；第二个层次是制度文化，主要包括政治及经济制度、法律、文艺作品、人际关系、习惯行为等；第三个层次是心理层次，或称观念文化，包括人的价值观念、思维方式、审美情趣、道德情操和民族心理等。第一和第二层次的文化迁移大体属于表层文化迁移，因为这些文化要素是容易观察到的，人们稍加注意就可以感觉到不同文化在这些方面的差异。深层文化迁移是指第三层次中的文化要素的迁移，由于它属于心理层次，涉及人们的观念和思想，所以在跨文化交际中不容易被注意到。与前面所说的语言迁移相比，文化迁移更容易给学生造成交际的障碍，因为本族文化根深蒂固，人一生下来就受到本族语文化的熏陶，其言行无一不受到本族语文化的影响与制约。

基于此，我们在处理外国文化与中国文化之间的关系方面，要注意以下几个问题：

（一）传授文化知识

首先，从培养学生的英语交际能力来看，英语教学不能是单纯的语言教学，还应扩大学生的视野，了解英语国家的文化和社会风俗习惯。因此，在英语教学中需要渗透有关文化知识的教育。其次，从素质教育的角度来看，我们需要培养适应国际竞争要求的具有现代意识的人才，他们应该面向世界，思想开放，善于吸收其他民族的优秀文化，提高本民族的文化素质。在这一方面，英语教学肩负着不可推卸的责任。但是，文化知识的教育必须适度，应该渗透在英语教学之中，应该与英语教学相结合，不能为了传授文化而传授文化。在英语教学中，文化知识的传授主要通过在英语教学中导入文化的内容，主要方法包括注释、比较、融入和体验四种。注释是指在教材中对具有文化内涵的内容进行注释和讲解，这种方法的优点在于它具有很强的针对性，缺点在于它比较零散，缺乏系统性。比较是指在教学中对中国文化和外国文化进行比较，从而发现两种文化中的异同，它可以有效地加深学生对于两种文化的理解，有效地培养文化意识。融入是指直接把外国文化或中国文化的内容作为英语教学的材料，例如，一篇介绍英国风土人情的文章或者介绍中国茶文化的文章，这样可以把语言学习与文化学习有效地结合起来。体验是指通过具体的语言实践学习和了解外国文化，例如观看英语原版的电影、卡通片、阅读英语文学作品等。

（二）在传授外国文化知识的同时，不要忽视对于本国文化知识的传授

目前，我国的英语教学实践中还存在着对汉语文化知识的教学不够重视的问题。许多有相当英文程度的中国青年学者，在与外国人交往过程中，并没有表现出一个来自世界文明古国的学者所应具有的深厚文化素养和独立的文化人格。

（三）培养学生的文化鉴赏能力

在学习异国文化的过程中，如果不善加引导，学习者很容易会盲目地接受外国文化中的行为规范、价值观和道德观，很容易疏远甚至忘记自己民族的文化传统。

三、语言知识与语言技能之间的关系

语言知识和语言技能都是语言能力的组成部分，都是语言学习的目标，两者之间相互影响、相互促进。首先，语言知识是发展语言技能的基础，不具备一定的语音知识，不掌握足够的词汇，不了解语法，就不可能发展任何的语言技能。其次，语言知识的学习往往可以通过听、说、读、写活动的过程来感知、体验和获得。在英语教学中，处理语言知识和语言技能这二者之间的关系时，应该注意以下几点：

（一）语言知识与语言技能同时兼顾，防止厚此薄彼

交际教学法是在批判传统的语法翻译教学法的基础上建立起来的，其中一个主要的原因在于传统的教学方法过分地强调语言知识（主要指语法）的传授，而忽视了语言技能的培养。

语言知识是能力的基础，认为强调语言能力就可以忽视语言知识的观点是不对的。语言的综合能力是多方面的，除了语法知识外，还有社会语言学能力（如在完成某些言语行为时如何才算得体）、语篇能力（如观察和使用各种衔接手段和照应手段等）和策略能力（也就是交际策略，如在交际遇到困难时使用某些手段回避等）。这就意味着：①语法还要学，不学语法，语言技能无从谈起；②学习语法不是为了掌握某种理论体系，而是为了正确地使用语言，而且不仅要保证语言的语法规范，还要保证其社会文化规范；③语言能力不仅是单个句子的，也是关于语篇的。当然，英语教学不能停留在知识的传授和学习上，要把语言知识的学习与语言技能的培养有机地结合起来，语言知识的学习要有利于提高语言技能的质量，而在提高语言技能的同时，又不能忽视语言知识的学习。

（二）语言知识的教学要立足于语言实践活动

传授语言知识并不意味着要单纯传授讲解语言知识，特别是在基础英语教学阶段，主要通过听、说、读、写等实践活动来学习英语，因此，语言技能的训练是教授语言知识的基本途径。语言知识的教学可以采用提示、注意和观察、发现、分析、归纳、对比、总结等方式进行，要有意识地使学生参与到上述过程之中，使学生在学到语言知识的同时，还得到科学的思维方法的训练。

（三）听、说、读、写四项技能协调发展，不能截然分开

对于英语初学者来讲可以从听说开始，但是读和写要很快跟上。在处理听、说、读、写这四项技能之间的关系时，我们应该注意防止两种错误的倾向：一种是不让学生接触书面材料的纯"听说法"，这是不可取的，也是不符合中国人学外语的情况的，因为中国人学外语最容易创造的还是阅读的输入环境；另一种是一味强调客观条件，片面夸大读写的重要性，这容易导致"哑巴英语"。

第二节　高校英语教学的基本原则

一、兴趣性原则

兴趣是最好的教师，是推动学生学习英语的最强有力的动力。学习兴趣是学生积极探求事物并带有感情色彩的认识倾向，它可以使学生在学习活动中变得积极主动，从而获得更好的学习效果。学习兴趣有定向功能、动力功能、支持功能和偏倾功能。①定向功能。学习兴趣作为影响学习过程的一种非智力因素，其作用是最为明显，也是最为持久的，它往往决定着学生的进取方向，为学生一生的事业奠定基础。②动力功能。学习兴趣与人的情感活动密切相关，可以直接转化为学习的动力。当学生对英语学习具有浓厚的兴趣时，学习就不再是一种负担，而是一种乐趣。③支持功能。英语学习是一个漫长而又复杂的学习过程，伴随着许多的困难与挫折，学习兴趣在于克服困难、战胜挫折、保持旺盛的精力对学习起着支撑的作用。④偏倾功能。人们往往从自己的兴趣出发去审视事物。表现在英语学习上就是每个学生的兴趣不同，学习的侧重点也就有所不同。有的学生对记忆单词特别感兴趣，有的学生特别喜欢阅读英语文章，还有一些学生特别喜欢用英语写点东西。对于这些侧重点的差异，教师需要因势利导，在学生原有侧重点的基础上，引导到全面正确的轨道上来。为了激发和培养学生学习英语的兴趣，应该做到以下几点：

（一）充分了解学生的生理与心理特点，尊重学生的主体性

学生是学习的主体，是整个学习过程的核心承载者。基础英语教学要从学生的心理和生理特点出发，改变传统的学习方式，让学生通过体验和实践进行学习。传统的语言学习方式强调学生在初级阶段要学好音标，学好语法，记忆一定量的词汇。英语课程必须从学生的心理和生理特点出发，遵循语言学习规律，从改变学生的学习方式入手，通过说唱、玩演、读写和视听等多种活动

方式，达到培养兴趣、形成语感和提高交流能力的目的，尤其是在学习的初级阶段更要如此。

（二）防止过于强调死记硬背、机械操练的教学倾向

英语学习需要一定的死记硬背和机械操练的活动。但过多的机械性操练很容易导致课堂教学的死板与乏味，容易使学生失去或者降低学习英语的兴趣。为此，应该重视科学地设计教学过程，努力创设知识内容，技能实践和学习策略的实施都需要逼真的情景，以营造启发学生思维的教学环境，帮助学生通过各种渠道获取知识，加速知识的内化过程，使他们能够在听、说、读、写等语言交际实践中灵活运用语言知识，变语言知识为英语交际的工具。这样，学生在获得交际能力的同时，综合素质也会得到相应的提高，学生的学习兴趣才会得到巩固与加强。

（三）挖掘教材，激发学生学习兴趣

教材是英语教学的核心，教师要想调动学生的积极性，就要在备课中认真研究教材，挖掘教材中的兴趣点，使每节课都有新鲜感，都有让学生感兴趣的内容和活动。

（四）赏识教育，培养学生自信心和成就感

对于学生来讲，学习兴趣的保持在很大程度上取决于学习的效果，取决于他们能否获得成就感。因此，教师要通过多种激励的方式，如奖品激励、任务激励、荣誉激励、信任激励和情感激励等，激发学生积极参与、大胆实践、体验成功的喜悦。

二、灵活性原则

灵活是兴趣之源，灵活性原则是兴趣性原则的有力保障。语言是生活的一个必要的组成部分，是一个充满活力、不断发展的开放性系统。语言本身的性质以及学生的自身特点要求我们在英语教学中要遵循灵活性的原则，要在教学方法、语言学习和语言使用方面做到灵活多样，富有情趣。

（一）教学方法的灵活性

在英语教学史上曾经出现了许多种不同的教学方法和流派，例如语法翻

译教学法、视听教学法、交际教学法等,每种方法都有其自身的优势与不足,教师应该兼收并蓄、集各家所长,切忌拘泥于某一种所谓流行的教学方法。英语教学包括语言知识和语言技能两个方面。语言知识包括语音、词汇、语法等内容,不同的语音、不同的词汇、不同的语法项目都具有不同的特点。语言技能包括听、说、读、写四个方面,其中又包括许多微技能。而学习者的个体差异也是千差万别的。因此,在英语教学过程中要综合学生、教学内容以及教师自身的特点,创造性地开展多种多样的教学活动,充分体现教学方法的多样性和创新性,使英语课堂新鲜有趣,从而激发学生学习英语的热情,挖掘学生的潜能。教学的内容也要体现多样性的原则,不光要教英语,而且要教学习方法,结合英语教学教学生如何做人。

(二)学习的灵活性

教学方法和教学内容的灵活性可以有效地带动英语学习的灵活性。要努力改变以往死记硬背的机械性学习方法,帮助学生探寻合乎英语语言学习规律和符合学生生理、心理特点的自主性学习模式,使学生能够自我导向、自我激励、自我监控;静态与动态结合;基本功操练与自由练习结合;单项练习和综合练习结合。大量的实践,使学生具有良好的语音、语调、书写和拼读的基础,并能用英语表情达意,开展简单的交流活动,开发听、说、读、写综合运用语言的能力。

(三)语言使用的灵活性

英语学习的关键在于使用,教师要通过自身灵活地使用英语来带动和影响学生使用英语。教师应尽可能多地用英语组织教学、用英语讲解、用英语提问、用英语布置作业等,使学生感到他们所学的英语是活的语言。英语教学的过程不应只是学生听讲和做笔记的过程,而应是学生积极参与,运用英语来实现目标、达成愿望、体验成功、感受快乐的有意义的交际活动过程。另外,教师还可以通过灵活性的作业使学生灵活地使用英语,作业的布置应侧重实践能力。如可以让学生用磁带录制口头作业,让学生轮流运用英语进行值日报告,陈述和评议时事、新闻等。

三、宽严结合的原则

所谓的宽与严是指如何对待学生在学习过程中所出现的语言错误，也就是如何处理准确和流利之间的关系。外语学习是一个漫长的内化过程，学生从开始只懂母语，一直到最后掌握一种新的语言系统，需要经过许多不同的阶段。从中介语的观点来看，在各个阶段，学生所使用的语言是一种过渡性语言。它既不是母语的翻译，也不是将来要学好的目标语。这种过渡语免不了会有很多的错误。传统的分类方法将错误分为语法、词汇和语言错误。语法错误又被进一步分为冠词、时态、语态错误等。这种分类方法，主要基于语言形式，而忽视了语言的实际使用。对于各种错误的分析，是第二语言习得研究的重要课题，因为通过对于这些错误的分析，可以发现学生的学习策略，而这些策略也正是学生产生这些错误的原因。第一个原因就是迁移。第二个原因是过度概括。学习者根据所学的语言结构做出概括，然后去创造出一些错误的结构。

对待错误，有两种极端的做法是不可取的。一种极端是把语言错误看得非常严重，"有错必纠"。这些人的理由是学生正处在英语学习的初期，一定要学到正确的东西。如果对学生的语言错误听之任之，一旦养成习惯就很难改过来了。结果在学生讲英语时，教师往往会抓住学生的错误不放。这样很容易挫伤学生学习英语的积极性，他们十分害怕犯错误，久而久之就不敢开口讲话了。另一种极端的做法是对学生的语言错误视而不见。这些人的理由是熟能生巧，只要多说就能慢慢自我克服这些错误。这类教师强调的是学生语言的流利程度，结果导致学生毫不注意语言的准确性。

语言错误是学习英语过程中的必经阶段。出错—无意识错误—出错—意识错误—出错—自我纠正错误，是对于每一个英语学习者来说的必经之路，没有这个过程就不可能达到流利的程度。因此，要鼓励学生不怕出错，而且要耐心地倾听学生"支离破碎"的英语，并给予纠正指导。一方面教师要坚持用正确的语言熏陶学生；另一方面，当学生的语言错误影响到信息的传递时，要在鼓励的前提下进行必要的纠正，从而保证以后学生使用英语的准确性。也就是说，在英语教学中，教师应该采取宽严结合的方法。当以交流为目的时，对学生的语言错误采取宽容的态度；当以语法学习为目的时，则采取严格的态度。这样宽严结合，既保证学生具有扎实的语言基础，又有利于鼓励学生大胆使用英语。

宽严结合的原则实际上就是要正确处理准确和流利之间的关系。"没有准确，流利就失去基础"这句话是对的，但是这种说法只是强调了准确的重要性，正确的态度应该是"既要强调准确性，又要重视流利程度"。我们可以区分两种情况：对于初学者，不要过分纠正其语言中的错误，而要更多地鼓励他们使用英语进行交际；对于中等以上的学习者，可以适当地纠正其语言中的偏差，但是要以不打击他们的学习积极性为前提。换句话说，越到高年级，越要强调准确性。此外，在写作文或在课堂上演讲时，则应该强调准确性。

四、输入输出原则

所谓输入是指学生通过听和读接触英语语言材料，所谓输出是指学生通过说和写来进行表达。输出建立在输入的基础之上。在此意义上，输入是第一性的，输出是第二性的。首先，在人们学习英语的过程中，能理解的总是比能表达的要多。换而言之，人们所能听懂的，永远比能说的要多。而所能读懂的，又比所能写的多。我们能欣赏小说、散文和诗歌等优秀的文学作品，但我们自己并不一定能写出来。语言输入的量越大，语言输出的能力就越强。也就是说，我们听的东西越多，我们读的东西越多，我们的表达能力也会越强。有效的语言输入应具备以下三个方面的特点：第一个特点是可理解性。如果学生不能理解所输入的语言，那么这些输入无异于噪声，是不能被接受的。第二个特点是趣味性或恰当性。所输入的语言材料还要使学习者感兴趣。要使学生对语言输入感兴趣，最好使他们意识不到自己是在学外语，把其注意力放在意义上。第三个特点是足够的输入量。目前的外语教学严重地低估了语言的输入量的重要性。要习得一个新句型单靠做几个练习甚至读几段语言材料是远远不够的，还需要数小时的泛读以及许多的讨论才能完成。

教师在教学过程中应该注意以下几点：

（一）尽可能多地让学生接触英语

要通过视、听和读等手段，多给学生可理解的语言输入，如声像材料的示范和贴近学生日常生活和学习、适合学生的英语水平、具有时代特色的读物等。另外，学生学习的内容不要局限在课本之内，教师应该打破课内外的界限，帮助学生扩大语言的接触面。

（二）输入内容和输入形式的多样化

学生接触的英语既要有声的，又要有图像的，还要有文字的，而且语言的题材和体裁以及内容要广泛，来源多样化。在日常生活中，尤其是在大中城市中，每天都会接触到许多英语，比如，文具、衣服、道路标志、电器等上面，就有许多英语。如果我们能利用这些，学生们就可能耳濡目染地学到英语知识。另外，我们还要注意根据语言输入的分类，尽可能地为学生提供多种形式的输入。

（三）首先强调学生的理解能力

只要学生能理解的，就可以让他们听，让他们读。而且，还可以只要求学生理解，不必立刻要求他们用说和写的方式来表达。从教学目标而言，对语言技能应该有全面的要求，但是从教学的方法来看，应该先输入，后输出。

（四）为学生提供的语言材料要符合学生的实际情况

当然，仅仅依靠语言的输入是不可能掌握英语、形成综合运用英语的能力的，还需要通过口头和笔头的表达来检验和促进语言的输入。在增加可理解的语言输入的同时，在理解的基础上不断进行有效的实践活动。这些实践活动在基础英语教学中包括一定的模仿练习。学习语言的确需要模仿，但问题的关键在于如何模仿和模仿什么。如果只是机械地模仿，只注意语言的形式，那并不能保证学习者能在生活中真正地使用语言。比如只是要求学生注意语音、语调的准确，只要求死记硬背句型结构，而没有使学生真正了解这些句型结构所表达的含义，学生并不能在课外使用。模仿最好是模拟生活中的真实情景，注意语言结构所表达的内容，这种模仿才是有效的。尤其是在互助练习、小组练习的时候，让他们根据实际的情况使用所学习的语言，学生才能把声音和语言的意义结合起来。外语教学的研究人员还提出，不仅要有"可理解的输入"，还要有"可理解的输出"。

第三节　高校英语教学的目标、模式、方法与手段

一、高校英语教学的目标

（一）帮助学生理解英语

"教师使学生懂英语"这个过程仍然是一个过程，但不是使学生掌握技能和学习本领，像开车和修理机器一样，而是使学生动脑筋，学习语言知识。学生的学习过程不是一个行为过程，而是一个心理过程，教学的中心仍然是学生。

在这个过程中，学生是中心，是关键的参与者，而教师只是帮助者和使能者。但是，在此学生不是学会做事，而是要扩展他们的思维活动，获得新的知识。教师的任务是提供学生所需要的一定量的知识。这里需要考虑的是"知识"一词。学习语言通常认为有两种方式：学习语言和学习有关语言的知识。在此，知识纯粹是有关语言的特点和运用的知识。但掌握语言知识也可以称为懂英语。它既表示学习英语意味着学会有关语言的知识，也表示学会说这种语言。这两种解释实际上代表了两种不同的教学模式。从第一种模式的角度讲，学习知识可以只让学生理解和记忆即可，而不一定让学生去进行实际的操练和实践，其重点是心理活动。从第二种模式的角度讲，学生不仅要理解和记忆所学的知识，还要学会实际的语言运用技能，学会把所学的知识运用到实际语言交际中去。同时，还要学会在一定的文化语境中，即在目标语文化中，从事所要进行的交际活动，学会语言要完成的交际功能，以及所要运用的语言知识。这样，教学的目标可以有两种：使学生学会有关语言的知识和使学生会讲这种语言。

（二）帮助学生学会英语

"教师使学生学英语"，在这一教学过程中，学生学习英语，教师帮助他们达到目的。学生是行为者，是教学的中心。教师是使能者，可以采用各种

各样的手段来帮助学生学习英语，例如，可使用各种各样的现代化技术和设备来帮助学生学习。

这种教学模式距离我们现代教师对教学的认识十分接近。教师首先考虑的是学生，而他们自己的角色就是指导和帮助学生。但现在我们没有考虑的是学生的任务是什么性质的，是什么样子的，只是想当然地认为学生如何学习，也就是说，对教学目标没有很好地进行限定。从教学方法和程序上讲，教师把教学的主体变成学生，教师的角色只是帮助学生达到学习目的，应该说这是一个很大的进步。但这个过程所提供的是一种方法，并没有提供教什么。我们可以根据让学生自己学，由被动变主动来考虑学什么和达到什么目标的问题：这个教学过程的目标是使学生学会英语。

（三）发展学生的意义潜势

教师使学生成为讲英语的人，在此，教学过程被看作一个关系过程。教师仍然是一个使学生能够做某个事情（讲英语）的人，但他不仅仅是使学生能够做某个事情，而是使学生成为一个能讲目标语的人。语言被视为一个"潜势"，称为"意义潜势"。教学的目的是使学生掌握这一潜势，使学生会用语言来表达意义。这显然既包括使学生掌握有关语言的知识，也包括使学生掌握语言表达的能力，学会用所学的语言说话。

教学过程主要被看作是一个物质过程，是一种活动，主要参与者是学生和教师。即使是心理过程，教师也是一个使学生做事情的人，是个控制者，而不是感受者。但在这个过程中，教师所起的作用是不同的。他可以作为控制者和行为者，学生是目标。换言之，学生只能被动地接受教师所传授的任何他认为重要的东西。教师也可以作为训练者，做为教练，让学生做一系列活动和动作，教师是指挥和指导者，学生是活动的进行者和行为者。教师还可以是使学生做事的人，组织学生从事一系列学习活动。从这个角度讲，这几种模式有一个共同点，就是教师的作用越来越趋于向背景移动，而把主要角色让学生来担任。学生越来越成为教学活动的主角和中心。这是现代语言教学理论和方法发展的趋势。

英语知识的学习只是辅助的，有利于促进外语学习，但不能代替外语技能的训练。英语教学的较高目标模式应该是综合性的以发展学生的意义潜势为主的目标模式，但最高目标应该是培养学生的跨文化交流能力。

（四）培养学生跨文化交流能力

随着新教学大纲（试行）的颁布、英语教学改革的深入，培养学生交际能力的意识越来越深入人心。但我们在英语教学实践中却发现，尽管我们在培养学生听说读写、言语技能方面花费了大量心血，但教学效果并不明显。严格地讲，高校英语教学还没有突破语言知识的掌握和言语技巧的训练的框框，学生所学到的更多的是语言表面的知识。因此，英语教学仅仅重视言语技能的训练是不够的，还必须注重交际能力的培养。实践证明，言语技能的训练不能自然生成交际能力。交际能力的形成除了语言因素外，还有社会文化能力、语境能力、行为能力等诸多要素。因此，要想培养学生的交际能力，英语教学除了传授语言内容和进行言语技能训练外，还必须努力对学生进行跨文化条件下语言能力、语用能力等的专门培养和训练，以提高学生在特定的社会文化情境中的跨文化交流能力。

培养学生的跨文化交流能力是英语教学的最高目标。英语教学的过程实际上是一种文化适应的过程。一方面，它要求学生把目标语文化也就是英语文化与自身现有知识进行等值条件下的转换；另一方面，又要无条件地但又积极地理解、吸收与本国文化不同的信息。由于英语与汉语的巨大差距，因此，学习英语不可避免地遇到文化差异造成的障碍和困难。为了消除这种障碍，英语教学就必须强调文化教学，即在教学过程中，相应地进行英语语言文化教学。从英语教学的角度讲，教授语言知识和培养言语技能是前提和基础，而跨文化交流能力的培养是前者的深化和提高。前者是手段，后者是目标。

二、高校英语教学的模式、方法与手段

（一）教学模式改革的理论基础

教学模式的改革主要体现在教学理念、教学方法和手段等方面的转变。鉴于以教师为中心、单纯传授语言知识和技能的英语教学模式给英语教学带来的负面效应，《高校英语课程教学要求》提出要改革传统教学模式，新的高校

英语教学模式应为基于计算机和课堂的英语多媒体教学模式。多媒体网络技术在外语教学中发挥重要的辅助作用,但教学理念对组织课堂教学模式的重要性也不可忽视。一般认为,建构主义思想是高校英语教学模式改革实践的重要理论基础。建构主义是学习理论中行为主义到认知主义的进一步发展,其基本观点是强调学习者基本与世界的相互作用的经验及意义,积极建构自己的知识。在建构主义学者看来,学习是一个意义建构的过程,而不是对知识的记载和吸收。学习者是意义建构的主体,学习依靠人们已有的知识去建构新知识。学习既是个性化行为,又是社会性活动,学习需要对话和合作;学习高度依赖于产生它的情境,与此同时,建构主义也强调以学生为中心,要求学生由外部刺激的被动接收者和知识灌输对象,转变为信息加工的主体、知识意义的主动建构者,要求教师由知识的传授者、灌输者转变为学生主动建构主义的帮助者、促进者。

1. 高校英语多媒体教学模式的建构

建构主义理论为多媒体网络教学实践提供了强大的理论支持,而多媒体网络教学则是贯彻建构主义学习思想的较为先进的教学模式。计算机网络的迅猛发展以及随之而来的信息化手段的广泛应用使教学活动可利用的时间及空间得到了极大拓展,加上全球互联网所提供的取之不尽的教学资源也使英语教学新模式的构建平添了多种可能。如何基于建构主义的教学理念而有效地发挥计算机网络教学的优势,处理好课堂教学与计算机网络教学之间的相互联系成为外语教学的核心问题。在多媒体教学模式中,英语教学应分为课堂教学和计算机网上自学两种相互补充的方式。多媒体教学不是提高教学效果的唯一途径和手段,教师不能一味地追求现代化的教学手段而完全放弃传统的教学方法。如今,在我国高校英语教学中,全面推广基于计算机网络的自主学习模式的条件尚不成熟,单纯凭借这种新教学模式很难解决当前高校英语教学中的突出问题和矛盾,无法马上承负起高校英语教学改革赋予的历史重任,应结合高校英语课程设置,对高校英语课程进行科学合理的整合,确保高校英语教学质量得到逐步提高。

2.建构主义理论和多媒体、网络技术的结合

知识是人们永无止境的探索,而不是一成不变的真理。建构主义对现代教学论的冲击在于它动摇了客观主义的知识观。教师不能把现成的知识教给学生,只能引导学生主动探究,让学习者掌握学习和解决问题的方法,成为一个自主的学习者和知识的创造者。在高校英语教学中要确立以学生为中心的理念,培养学生的自主学习能力和终身学习能力,发挥他们的英语学习主动性,在使用英语完成各种交际任务过程中建构英语语言知识,提升英语应用能力。此外,高校英语教师不仅要传授语言知识,还要承担帮助学生掌握英语学习方法和学习策略的重任。教师在英语教学中应采用各种方法和手段,帮助学生培养对语言的认识,使英语教学不仅在课堂中进行,而且延伸到课外。为在高校英语教学环境中实现从"学习英语"到"用英语学习"的课程转换创造条件。

3.教学模式与多媒体网络技术的结合

建构主义理论的核心是以学生为中心,强调学生对知识的主动探索、主动发现和对所学知识意义的主动构建。教学过程应是教师与学生交流与互动的过程,是教师与学生、学生与学生、学生与社会的互动过程。基于建构主义的教学模式应重视四种学习方式,即自主式学习、探索式学习、情境式学习和合作式学习。以现代教育信息技术为基本手段和途径,新的高校英语教学模式包括学生、教师、教学信息、学习环境四个要素,这四个要素相互作用、相互联系形成稳定的网络多媒体教学模式。

(二)高校英语教学方法

外语教学法是一门研究外语教学论和教学实践、外语教学过程和教学规律的学科。长期以来,外语教学界最为重视的就是外语教学法。因为,在其他条件等同的情况下,不同的教学方法会导致完全不同的教学效果,随着时代的发展,外部整体的学习环境发生了很大变化,教学模式也做出了相应改革。学生可以不再像以前完全依赖学校或者教师的授课,英语学习朝着个性化、主动式方向发展。教学中若没有相应的教学方法,教学内容就不能很好地传授,教学目的就难以达到。

各高校在选择教学法的时候,要充分考虑学校教学环境、教学设备、学

生整体水平以及师资力量等客观因素，结合教学目的与任务、教学内容、教学组织形式等教学基本成分，对现有的外语教学法实现重新组合搭配。

1.高校英语传统教学法

外语教学法是外语教学过程中的一个重要部分，是为完成教学任务、实现教师怎样教、学生怎样学以及师生相互作用所采用的方式、手段和途径。外语教学法是一定历史背景和社会环境的产物，是根据不同教学阶段以及教学要求决定的。不同的外语教学法产生于改革外语教育的实践，受制于外语教育的目的，不同的外语教学法并非相互对立，而是长期相互依存的。各类教学法在见解方面相互借鉴，理论内容互相融合。

一方面，英语教学法总是处于批判、继承、发展、创新的过程中。正是这种历史继承性使综合与折中的趋势有了存在发展的可能；另一方面，高校英语改革是与时俱进的，是时代发展的要求。因此，可以说高校英语教学改革不是照搬外国的理论，而是以高校英语教学方法运用的现状与时代要求为立足点，选择一种既符合高校英语教育教学现状又符合时代需要的英语教学方法。由于受不同语言学基础和心理学基础的影响，传统教学法常常比较注重语言结构和语言规则的掌握，而相对后起的一些教学法如交际法，则比较注重语言意义和语言功能的掌握，我国高校英语教学中正在使用的、有代表性的几种方法可概括为：语法翻译教学法、情境教学法、交际教学法。

语法翻译教学法始于18世纪，是随着现代语言作为外语进入学校课程而形成的第一个有影响的外语教学方法体系，也是我国早期高校英语教学主要采用的方法。语法翻译教学法强调学生母语在教学过程中的重要作用，强调母语和英语的共同使用，认为将母语与英语的异同挖掘出来有助于学生更加明确地理解英语。现代语法教学法主张以语法为语言的核心，是外语学习的主要内容，教师只需具备外语语法基础知识和母语与外语互译能力就可在语法理论的指导下开展教学。课堂教学以教师讲解为主，学生被动接受，使语法为阅读教学服务。语法翻译法把口语和书面语分离开来，把阅读能力的培养当作首要的或唯一的目标。因此，语言知识的提高、词汇的理解、语法的变化成了课堂的教学重点。在教学中，翻译既是手段又是教学目的，对语法学习的强调，对理性知识的重视，虽加深了学生对目标语言的理解，对阅读、翻译、写作等方面的培养行之有效，可围绕着语法规则的记忆与机械操练，学生运用英语进行口头和书面交际的能力仍比较薄弱。

情境教学法也叫视听法，主要针对听说法脱离语境、孤立地练习句型、影响学生有效使用语言能力培养的问题。在情境教学法中，语言被看作是与现实世界的目标和情景有关的有目的的活动。同时激发学生学习英语的积极性和热情，帮助学生更为准确和牢固地完成对于英语知识点的记忆。通过获得有价值的感性材料，可以实现英语教学理论与实践的有机结合，为英语的语言知识学习提供良好的条件。但是情境法的不足之处是在运用过程中，强调通过情景操练句型，在教学中允许使用目的语而完全排除母语，这不利于对语言材料的理解和运用。教师若过分强调整体结构感知，就无法保证学生对语言项目的清楚认识。

交际教学法在师生共建的课堂互动模式中给学生提供更多使用语言的机会。在继承传统教学法合理成分的基础上，将学生能够运用英语语言能力作为学习的目的。它强调交际的过程，认为有没有一个具体的目标和明确的结果并不重要。交际教学法认为语言是实现交际目的的手段，但是仅仅具有听、说、读能力并不一定就能准确表达意念和理解思想，因为语言的交际功能受制于语言活动的社会因素，教学过程就必须交际化这就意味着要尽可能避免机械操练，而应让学生到真实的或接近真实的交际场合进行练习，感受情景、意念、态度、情感和文化修养等因素是如何影响语言形式的选择和语言功能的发挥。因此，教师应该借助课堂或者多媒体教学，多为学生创造，提供交际情景和场合，在真正意义上实现"用语言去学"和"学会用语言"，而不是单纯地"学语言"，更不是"学习关于语言的知识"。

2. 教学活动中多种教学法的综合运用

高校英语教学在方法上越来越趋向多样化、折中化、本土化、学生中心化和学习自主化。这些变化促进了中国的高校英语教学改革。外语教学是一门实践性极强的课程，它需要一定的知识传授，但更需要活泼、较为真实的课堂教学氛围，即作为英语学习主体的学习者的积极参与和大量的交际实践。教师的"教"和学生的"学"是教学的两个重要环节,需要教师和学生共同参与。那么如何在师生共建的课堂互动模式中,有意识地创造各种语言环境,积极调动学生学习英语的积极性,让学生正确地使用英语知识去表达、交流思想和传递信息,其是外语教学法要解决的首要问题,但是英语教学法的运用不是固定的、排他的,这就要求教师在教学过程中灵活地选择有效的英语教学法在以计算机、多媒体和网络为辅助手段的基础上,将不同的教学法穿插使用。可以有效地调动学生学习英语的主观能动性,有助于教师及时对教学过程进行调控,同时可以加强学生与教师之间的有效沟通,帮助学生更好地提高自身的语言能力。教师对教学法进行选择时应注意兼顾几个原则:知识的体系性、任务的多样性、情境的真实化。

英语教学法要帮助学生构建扎实的语言知识体系。高校英语的教学目标是培养学生的英语综合应用能力以及用英语进行交际的能力。交际能力由两个方面组成:语言知识和交际知识。语言知识的积累可以提高交际能力,交际实践可以巩固学到的语言知识,并进一步促进交际能力的提高。在这两者的关系中,语言知识的学习是基础,也是最终为语言交际服务的。教师在开展教学的过程中可以参照语法翻译教学法,先讲授词法,然后再讲授句法;采用演绎法讲授语法规则,再举例子予以说明;语法练习的方式一般是将母语句子翻译成外语。在强调阅读作为外语教学的主要目标的同时,考虑对学生听、说、写能力的培养,这样的教学法在很大程度上有助于学生英语知识体系的建构。

此外,强调母语和目标语言的共同使用。在课堂上,教师适当地使用母语进行解释,尤其是针对具有抽象意义的词汇和母语中所没有的语法现象,既省时省力又简洁易懂;将英汉两种不同的表达方式进行比较,可以提高学生正确运用目的语的能力,因此在教学中可以灵活采用。

教学法能否调动学习者的学习兴趣,是保证教学质量的关键所在,因此,在教学中教师应该确保学习任务的多样性。教师在设置任务的时候要以激发学生的学习兴趣和成就感为出发点,围绕特定的交际和语言项目,设计出具体的、可操作的任务,让学生在任务的驱动下学习语言知识并进行技能训练,在感知、认知知识的过程中达到学习和掌握语言的目的。活动可围绕教材但不限于教材,要以学生的生活经历和实际交际活动为参照，不仅要有利于学生英语知识的学习、语言技能的发展和运用能力的提高，还应有利于促进英语学科和其他学科之间的相互渗透和联系，使学生的思维能力、想象力、协同创造精神等综合素质得到提高和锻炼。如上课之前让学生利用课余时间通过图书馆、网络等媒介查阅相关资料，了解本单元的中心主题；建立学习小组，成员之间互相检查背诵、记忆教材内容或者根据课程内容提前安排小组排练表演并进行课堂展示等；在课堂上鼓励学生积极参与到各项学习、讨论、陈述中。因学习任务包含有待实现的目标和需要解决的问题，因此会激发学习者对新知识、新信息的渴求。这样，学生通过实施任务和参与活动，就能促进自身知识的重组与构建，摄入新信息并与学习者已有的认知图式进行互动、连接、交融与整合。

在教学中教师应通过模拟真实情境来拓宽教育空间，增强学生的感受性，强化参与意识，从而有效地提高教学效果。传统的课堂教学被局限在教室中进行，现代信息技术的广泛应用使教育空间的拓展成为可能。教师可以在课堂教学中借助多媒体教学设置，为学生创设真实的语言环境或模拟情境，在模拟的情境中完成语言知识的学习和操练，在实践中提升交际能力。传统教学法的弊端之一就是教学法给学生造成一种距离感，形成"你讲我听"的被动状态。而情境教学法由于教师根据教材和心理理论创设了有关情境，从而缩短了师生的心理距离，强化了学生积极参与的意识，情境教学法强调在英语教学中充分利用生动、形象、逼真的意境，使学生产生身临其境的感觉，利用情境中传递的信息和语言材料，激发学生用英语表达思想感情的欲望，促进学生的语言能力及情感、意志、想象力、创造力等的整体发展。情境教学法的教学实践是以课堂教学为主线，综合运用多种办法创设真实语言情境，营造英语氛围，实践交际。教师可以鼓励学生在课后使用视听设备和语言实验室来放映英语电影，收听英语广播、收看电视节目，通过情景、视听教学，让学生把握地道的语音、语调和了解外国的文化背景。情境教学法既能突破传统外语课堂教学的狭隘性、封闭性，拓宽教学空间，又能引发学生的兴趣，唤起学生的参与意识，提高教学质量，对外语课堂教学来说这是一种切实可行的教学法。教学要以重视、发展语言技能和交际能力为主，应采用多种交际功能项目，保证交际的趣味性。

综上，每一种英语教学法自有它产生和存在的条件。在实际教学中教师应该仔细研究各种教学法的特点。熟悉并掌握其中的技巧，不能盲目地推崇某一种教学方法，否定另一种教学方法，应根据教学活动的具体情况综合使用各种教学法。没有一种单纯的教学方法是万能的，过多地依赖或推崇某一种教学法的做法常常会在具体的教学实践上产生某种偏差。这不利于外语教学的进一步发展与提高。高校英语教学大纲要求教师不仅要向学生传授语言知识，训练语言技能，还要培养学生运用英语进行交际的综合能力。这一要求是立体的、多层次的，而且当前高校学生获取知识的渠道多样化，自学能力强，所以，教师在教学中必须秉着客观、实事求是的态度，结合教学特点、学生的实际情况以及现有的教学资源，选择合适的教学法，由此，有效地开展高校英语教学。

（三）高校英语的教学手段

现代信息技术的应用和普及，尤其是多媒体技术和网络技术的结合，为外语教学提供了强大的技术手段，特别是多媒体外语教学软件的出现给外语教学带来了勃勃生机，在教学中充分利用以多媒体技术为核心的现代教育技术是高校英语教学改革和发展的必然要求，是各高校英语改革的主要方向。传统的英语教学模式主要是面对面的单向式课堂教学，多媒体网络教学以其形象性、生动性、先进性、高效性等特点弥补了传统教学中的不足，成为现代化教学的一种重要手段而被广泛采用。

1. 现代化教学手段的利弊

现代化多媒体教学手段集声音、图像、视频和文字等媒体为一体，具有形象性、多样性、新颖性、趣味性、直观性、丰富性等特点。它可以根据教学目的、要求和教学内容，创设形象逼真的教学环境、声像同步的教学情景、动静结合的教学图像、生动活泼的教学气氛。它是现代科学技术的发展在教学中的反映，且具有直观性强、智能化的特征。多媒体的应用可以用来设计全新的整体教学过程和交互性、个性化的训练方式，促使教学过程发生根本变化，形成教师、学生、教材和教学方式的新组合，能为语言学习者提供一个良好的视觉、听觉交互式语言环境，起到其他教学手段无法比拟的教学效果。与传统的教学手段相比，多媒体辅助教学有着明显的优势。多媒体是集图、画、视频、音频与文本于一体的教学手段，是从视觉、听觉与感觉等方面同时刺激神经系统，使学生动脑、动眼、动嘴、动耳、动手，开展积极的思维活动，提高语言交际能力。教师在多媒体教室使用现有的多媒体软件，通过动态过程的演示和模拟情境，将知识以图文并茂的形式展示出来，通过形象逼真、色彩鲜艳的画面、生动有趣的形式充分刺激学生的多种感官，使单调的书本知识形象化、具体化，极大地激发学生学习的兴趣，为学生参与听、说训练创造良好的气氛和环境。同时，学生可以借助计算机，根据各自的喜好选择不同的学习内容，既可听单词、课文的朗读，也可以通过虚拟课堂讨论、角色扮演、游戏等来培养英语思维能力，有效地提高英语的实践能力。

现代化教学手段能够增大课堂信息容量，提高授课效率。课堂教学中引入多媒体课件，可增加课堂信息量，大幅度降低教师的劳动强度，提高课堂效率。传统课堂教学需要教师写板书、学生记笔记，教师与学生劳动强度都较大。计算机多媒体技术的发展为教学提供了强大的技术支持，教师可以运用计算机事先准备好授课内容，制作汇集大量的文本、图形、图像、视频、音频资料的课件，则可充分利用课堂时间。多媒体课件包含的信息量大，以其信息和数据表达的多样性，调动学生多种感觉器官参与学习，更增强了学习的趣味性，从而提高授课效率，相比于传统教学而言，在同样的时间里可以呈现更多的信息，因为多媒体教学节约教师写板书的时间，降低教师的劳动强度，使教师在单位时间内向学生传递更丰富的知识，而且可以有效地压缩课内教学学时，给学生以更多的讨论、小组活动、师生互动的时间。教师可在课后将课件传送在校园服务器上，供学生随时查阅，这无异于给学生提供一本完整的课堂笔记，从根本上解决了学生上课时听与记之间的矛盾。

2. 传统教学手段与现代化教学手段的运用

教学手段是教育者通过教学内容联系教育对象的桥梁，是教学主体与客体交流教育信息的物质基础。教学手段的运用直接影响师生之间信息传递的质量与效果，进而影响教育对象的思维发展。随着现代科学技术的发展，教学实践条件发生了变化，多媒体教学受到越来越多的重视和应用。传统教学授课形式较为单一且趣味性不强，但在传统教学手段在高校英语教学中表现出的优势对于提高整个高校英语教学水平无疑是有积极促进作用的。因此，针对传统教学手段和多媒体教学手段各自的特点，教师在教学过程中应重新审视如何合理地运用传统教学手段和现代化教学手段，做好两种教学手段的整合，以提高高校英语教学的质量。

传统教学手段多借助文本教科书、挂图、教师的大脑等记录、储存教育信息。教师备课认真，则讲课内容丰富，讲课有条理。学生通过观察教师的表情、动作等肢体语言，可以领会教师的用意，进而有助于对知识的消化和吸收，在课堂上师生交流的机会较多。与现代教学手段相比，以"粉笔＋黑板"为标志的传统教学手段虽然过于费时、形式比较单一但却是在长期教学实践中保留下来的一种传播知识文化的方式。它在加强师生之间的互动关系、调动学生积极思考、通过教师的肢体语言传达给学生直观的感受等方面发挥着巨大作用，其独特的教学效果是现代教育技术不可替代的。

现代教学手段是以信息，处理的高速度、高容量、多媒体和交互性，极大提高了教学效率，从根本上改善了高校英语教学的环境，同时以极大地丰富传统的教学手段，二者互相补充、扬长避短就可实现教学手段的优化整合，为英语教学提供新思路，从根本上改善传统教育中存在的问题。

多媒体教学作为重要的现代化教学手段在高校英语教学中受到重视并得到较为广泛的应用，但过分夸大计算机辅助教学的功能，以计算机来完全代替传统教学的教学手段是不现实的，因为多媒体辅助教学手段仅是构成教学环境的一个重要方面，不可取代教学过程中的所有环节。在教学中要根据教学目标、教学内容以及教学对象的特点，有针对性地设计和选取教学手段，将多媒体教学手段与传统的教学手段有机结合，实现优势互补，才能提高高校英语的教学效果和质量，提高高校学生的英语综合运用能力，为我国的社会发展和经济建设提供高素质的外语人才。

第二章
英语教学中的文化差异

第一节 中西文化差异

一、中西方饮食文化的差异

中西方饮食文化的不同是中西方民族文化差异的重要组成部分。传统的西方文化是畜牧文化和海洋文化，而中国是农耕文化和陆地文化，两种不同的文化反映出人们生活方式的差异，其中饮食是具有代表性的一个方面，每个国家、每个地区的人民都在饮食中自觉不自觉地透露着自身深刻的文化背景。

（一）中西方饮食观念的差异

1. 泛食主义者与实用主义者

在中国，吃的形式后面蕴含着一种丰富的心理和文化的意义，以及人们对事物的认识和理解，饮食文化从而获得了更为深刻的社会意义，已转化成对社会心理的一种调节。有许多学者将中国人的这种特有的"民以食为天"的观念称为"泛食主义"的文化倾向。中西方文化之间的差异造就了中西方饮食文化的差异，这种差异来自中西方不同的思维方式和处世哲学。在中国，人们对饮食的审美性追求显然压倒了对饮食的实用性追求，这种饮食观与中国传统的哲学思想也是吻合的。而西方人在烹饪时自始至终坚持着饭菜的实用性特征，从营养角度出发，重视食物对人的健康所起的作用，不讲究花样和饭菜的其他功能。他们认为"吃"只是对一台"生物机器"注入燃料，是为了保证其正常运行，只要吃了以后能保持身体健康，足以抵御病菌的攻击，其他皆微不足道。由此可见，"吃"在他们的心目中只起到维持生命的作用。

就交际手段而言，中国人宴请的目的有：表示感谢、庆祝成功、请人帮忙、引见他人、取得客户的信任……"吃"虽然重要，但是从文化的意义上看，在西方国家只是停留在简单的交流、交际的层面上，并没有像在中国那样被赋予更多、更为重要的意义。

2. 讲排场和随意简单

受"持家要俭，待客要丰"的传统观念的影响，中国人在请客吃饭时很讲究排场，一般的正式宴请至少要上七八道菜，这还不包括开始上的冷盘、小吃，中间上的甜点以及最后上的主食（面条、米饭等）。菜肴越丰富、越珍贵就越能体现出主人的殷勤和客人的身份，而且饭菜一般要大大超过主人和客人所能消耗的量，最为典型的莫过于清朝出现的"满汉全席"。相传"满汉全席"是科举考试后官场中举办的招待主考官的一种宴席，菜至少一百零八种，要分三天才能吃完。这些都充分显示了官家的气派和排场，一时间将饮食内容之丰盛、排场之宏大推向极致。

盛大的西餐宴席通常不过是六道菜，而且其中只有两道算得上是菜，其余是陪衬。平时宴请，饭菜更为简单。聚会，称为"party"，主人只提供饮料、酒和一些简单的食物如奶酪、炸薯条、三明治等，并不提供饭菜。朋友聚餐，称为"potluck"，每人都带一样菜，大家共享。可见，西方的宴会并不重吃，而重形式的自由化、多样化。主人要千方百计地创造出一种轻松、和谐、欢快的气氛，让客人们享受一段自由自在的美好时光。他们将吃饭看成是聚会和交流的机会，吃的东西固然必不可少，但并不是最重要的，更不需要摆阔气、讲排场。

（二）中西方宴会礼仪的差异

随着我国与西方国家交往的频繁，我们不仅要重视自己的礼仪，也要重视西方国家的礼仪，以便促进中西方饮食文化的互相融合。

1. 出席时间的差异

中国人是多样化时间观念的人；西方人是单一性时间观念的人，要求做任何事都严格遵守日程安排，该干什么就干什么。因此，在参加宴请时，这一差异显得较为突出。一般来说，时间多样化模式的中国人更倾向于"迟到"，往往在规定的时间半小时之后到达。对此，主人似乎也早有思想准备，通常会在这段"等待"的时间里安排一些其他节目，如打牌、喝茶、聊天等，让一些"先到"的客人们消磨时间。对于这种"迟到"现象主客双方都习以为常，并不将之视为对主人邀请的一种轻视或是一种不礼貌的行为。在西方国家，各种活动都按预定的时间开始，迟到是很不礼貌的。正式的宴会要求准时到达，一般不超过10分钟，否则将被视为不合礼仪，是对主人及其他客人的不尊重。

2. 餐具的差异

两种不同文化影响下的民族在饮食餐具上的选择也不同，中国人使用筷子，而西方人使用刀叉。中国由于长期受农耕文化的影响，喜欢和平与安定的生活，反对侵略。西方国家由于受狩猎文化的影响，喜欢争强好胜，乐于冒险。中国人在用餐时喜欢用圆桌，用筷子吃饭，体现一团和气；西方人一般都用方桌，使用刀叉，给人一种剽悍之感。不过，随着中西方经济交往的增加，餐具的使用没有了明显的分别。很多西方人学会了用筷子，喜欢吃中餐，而很多中国人也常进西餐厅和使用方桌。中西方文化开始交融。

3. 进餐礼仪的差异

在礼仪方面，中西两者更显不同。

中餐的进餐礼仪体现一种"让"的精神。宴会开始时，所有的人都会等待主人，只有当主人请大家用餐时，才表示宴会开始。而主人一般先给主宾夹菜，请其先用。当有新菜上来，请主人、主宾和年长者先用以示尊敬。《礼记·曲礼》载："共食不饱，共饭不泽手……毋放饭……毋固获，毋扬饭……卒食，客自前跪，彻饭齐以授相者，主人兴辞于客，然后客坐。"这段话大意是：大家共同吃饭时，不可以只顾自己吃饭。如果和别人一起吃饭，必须检查手的清洁。不要把多余的饭放回锅里，不要专占着食物，也不要扬去饭的热气。吃完饭后，客人应该起身向前收拾桌上的盘碟，交给主人，主人跟着起身，请客人不要劳动，然后客人再坐下。这些礼仪有的在现代也是必要的礼貌。

西餐的进餐礼仪传达的是一种"美"的精神，要求整个进餐过程不但要美味，更要悦目、悦耳。首先，不但要衣着整齐，往往还要求穿礼服，并要求坐姿端庄。其次，进餐时不能发出不悦耳的声音，相互之间交谈要轻言细语，不能高声喧哗。在西方宴席上，主人一般只给客人夹一次菜，其余由客人自主食用，若客人不要，也不便硬让，更不要按中国人的习惯频频给客人劝酒、夹菜。吃东西时，也不要发出响声，但客人要注意赞赏主人准备的饭菜。

（三）中西方饮食内容的差异

1. 美味与营养

中国人把追求美味奉为进食的首要目的。中国民间有句俗话："民以食为天，食以味为先。"以至于中国的某些菜仅仅是味道的载体。例如，公认的名贵菜海参、鱼唇、鱼翅、熊掌、驼峰，其主要成分都是动物胶，本身并无美味，全靠用鲜汤去煨，煨入味后，才成为佳肴。中国人重视味道，也反映在日常言谈之中，如家庭宴客，主要菜肴端上台面后，主人常自谦地说："菜烧得不好，不一定合您的口味。"客人绝不会说："菜的营养价值不高，卡路里不够。"西方烹调讲究营养而忽视味道，他们以冷饮佐餐，冰镇的冷酒还要再加冰块，而舌表面遍布的味觉神经一经冰镇，便大大丧失品味的灵敏度，渐至不能辨味。带血的牛排与大白鱼、大白肉，生的蔬菜，白水煮豆子、煮土豆，虽有"味"而不入"道"，这些都反映了西方人对味觉的忽视。基于对营养的重视，西方人多生吃蔬菜，不仅西红柿、黄瓜、生菜都是生吃，就是洋白菜、洋葱也都生吃。现代中国人也讲营养保健，也知道青菜一经加热维生素将被破坏，因而主张用旺火爆炒。这虽然也使维生素的含量下降，但不会完全损失。因而中国的现代烹调术旨在追求营养与味道兼顾下的最佳平衡，这当然也属于一种"中庸之道"。

2. 素食为主和肉食为主

据西方的植物学者的调查，中国人吃的蔬菜有600多种，比西方多6倍。在中国人的菜肴里，素菜在平常的饮食结构中占主导地位。西方人过去以渔猎、养殖为主，吃、穿、用都取于动物，荤食较多。故有人根据中西方饮食的这一明显差异，把中国人称为植物性格，把西方人称为动物性格。反映在文化行为方面，西方人喜欢冒险、开拓、冲突；中国人则喜欢安定的生活。的确，西方人，比如美国人在开发西部时，他们把全部家产往车上一抛，就在隆隆的车声中走了。中国人则时时刻刻记挂着"家"和"根"，在海外生活数十年的华人，老了还是会拄着拐杖来中国寻根。这种叶落归根的观念，不能不说是和中国人的饮食文化积淀相关联的，它使中华民族富有凝聚力，让中国的民俗富有人情味。

总之，中西方传统文化的不同，引起了中西方饮食文化的差异。本书着重从饮食观念、宴会礼仪和饮食内容等方面进行阐述，揭示了导致饮食文化差异的深层原因。随着跨文化交际的发展，中西方饮食文化会不断交流、互补和兼容。

二、中西方社会文化的差异

（一）价值观念的差异

1. 自立意识

西方人的自我中心意识和独立意识很强，主要表现在：①成年公民（以18岁为界）都倾向于自己选择自己的行为，并为自己的行为负责，他人的意见仅供参考，社会对个人的抉择权予以普遍承认与尊重。②教育体制总是鼓励青少年学会自立并授之以相应技巧。孩子从小就被灌输独立意识，父母要求孩子自小学会自立。在可能的情况下，父母尽量让孩子拥有自己的空间。要是一个20岁左右的人仍待在家里，依靠父母或其他人生活，他会被人耻笑和瞧不起。③不习惯关心他人、帮助他人，不过问他人的事情。主动帮助别人或接受别人帮助在西方常常是令人难堪的事。因为接受帮助只能证明自己无能，而主动帮助别人会被认为是干涉别人的私事。

中华民族是一个爱好和平、与人为善的民族。人们喜欢依赖父母及朋友，古语说："在家靠父母，出门靠朋友。"现在的青年人更是如此，特别是独生子女们，更享有几辈人的娇宠，他们的自理能力是比较差的。中国人的行为准则是"我对他人、对社会是否有用"，个人的价值是在奉献中体现出来的。中国文化推崇一种高尚的情操——无私奉献。在中国，主动关心别人、给人以无微不至的体贴是一种美德，因此，中国人不论别人的大事小事、家事私事都愿主动关心，而这在西方会被视为"多管闲事"。

2.个人荣誉感

西方人崇尚个人奋斗,尤其为个人取得的成就自豪,从来不掩饰自己的自信心、荣誉感,以及在获得成就后的喜悦。相反,中国文化不主张炫耀个人荣誉,而是提倡谦虚。中国人反对王婆卖瓜式的自吹自擂,然而中国式的自我谦虚或自我否定却常常使西方人大为不满。"Your English is very good(你的英文很好)." "No, no, my English is very poor(不,我的英文很差)." "You've done a very good job(你的工作做得很好)." "No, I don't think so. It's the result of joint efforts(不,这是大家共同努力的结果)."这种谦虚,在西方人看来,不仅否定了自己,还否定了赞扬者的鉴赏力。这种中国式的谦虚在资本主义的竞争市场中是行不通的。

3.时间及效率观念

在中国,"寸阴寸金""救人如救火""千钧一发""笨鸟先飞早入林""只争朝夕"等词语教导人们要珍惜时间,充分利用时间。但在实际生活中,勤俭节约的中国人,在时间上却比西方人大方。慢节奏在人们的客套话中略见一斑,如"慢走""慢慢吃""慢慢玩"等。改革开放以来,人们的时间观念发生了极大的变化。"时间就是效益"等观念深入人心。而在西方,工作价值观已扎根在人们的灵魂中。工作是一种生存手段,是创造财富、实现自我价值的方式。单位时间内所创造财富的数量和质量代表劳动者的能力。西方人一向重视效率,如闻名全球的快餐业充分体现了美国人对时间与效率的重视。

(二)社会关系的差异

1.家庭观念

中国以家族为本位。"修身""齐家""治国""平天下"是中国人立身处世的纲领。家在中国人心目中是生活的宇宙,是生活的港湾,具有至高无上的凝聚力。孟子认为:圣人是"人伦之民",伦的核心是"绝对服从",幼服长,妻服夫。使家变得如此重要的原因之一就是"孝","百善孝为先","孝道"是中国的国本、国粹。

西方文化突出自我、个人,追求人的独立。长辈与晚辈之间可以直呼姓名。在西方,亲人间的界限划分明确,老少聚餐,各自付款,对孩子也非常尊重,进孩子房间首先要问:"我能进来吗?"强调以子女脱离父母独立生活、奋斗为荣,乐于谈论个人一得之见。

2. 家庭结构

中国人重视家庭,血缘关系、亲情观念强。家庭结构比较复杂,三四代同堂是中国传统的幸福家庭。在这样的家庭中,子女年幼时依赖父母,成年后则对父母负有赡养的义务。哪怕成家立业、另设门户,和父母仍不分彼此,把赡养父母、侍奉父母看作自己应尽的责任。美国式的家庭主要由父母和未成年的孩子构成,结构比较简单。子女与父母之间没有太多的依赖性。子女一到成年,就会离巢而飞,父母不再抚养他们;而子女一旦独立,对父母家的事也不再理会,一般也不会赡养父母。这种做法虽然能够培养孩子的独立生活能力,但家庭成员之间的关系相对比较疏远。

三、中西方交际文化的差异

(一)思维方式的差异

在面对世界的时候,中西方人眼中的世界是不同的,他们均按照各自的文化精神、宇宙观来思考和理解这个世界。

1. 感性直觉思维与理性逻辑思维

中国传统思维重视感性直觉思维,西方传统思维重视理性逻辑思维。中国自古以来逻辑学不发达,不善于理性分析和逻辑思维,抽象水平很低。我们把两千多年前的墨家几何学和欧几里得几何学来进行比较,墨家几何形成"端""尺""区""中""平"等概念,而欧氏几何则形成"点""线""面""长""宽""高"等概念,显然"点"比"端"、"线"比"尺"、"面"比"区"要抽象得多,已经是一个抽象概念。它们之间的区别,是经验概括和抽象概念的区别,"端""尺""区"仍停留在直观性和形象性的层次上。今天许多人写文章仍喜欢用比较形象的词语表达深奥抽象的理论。如写作理论把直截了当的开头称为"单刀直入",把巧妙地指出文章的主题叫"画龙点睛",把轻描淡写称为"蜻蜓点水"。中国的形容词、成语特别多,几乎每个词都有一个意象,而抽象名词又特别少,这样使得优美、富有意境的汉语诗歌、散文翻译成西方语言时往往失去了原来的韵味；而西方的科学论文翻译成中文，又很难找到相近的词语表达，以致近现代一些翻译家不得不大量创造一些新的词汇适应西方科学著作的翻译。中国传统思维重内省顿悟、重类比推理，先直觉到某一真理，然后再用多种具体比较和形象寓意阐述。如论证"阴"和"阳"普遍存在，举出天地、日月、男女、君臣、气血等加以说明。这样一来，可能会产生出许多天才的联想，但缺乏严密性和科学性。西方重实验验证、重归纳和演绎。爱因斯坦把西方科学思维归结为形式逻辑和实验。形式逻辑使概念确定，实验使概念具有数学定量化的公式，并有最终对正确和错误进行评判的标准。由此我们不难理解，我国古代有世界上最早、最丰富的关于哈雷彗星的观察记载，但最先计算出哈雷彗星周期、轨迹的反而是哈雷。

2. 整体性思维与解析性思维

以整体性为特征的"元气论"和以个体性为特征的"原子论"分别对中西思维方式产生了深远影响，前者横向铺开，注重事物的相互关系和整体把握；后者纵向深入，注重事物的分析解剖和个体研究。中国人的整体观念源于对自然界的朴素认识，按照自然界的本来面目把它当作一个整体来观察。人与自然、个体与社会不可分割，互相影响，互相对应，一切都被放在关系网中从整体上综合考察其有机联系。这种思维方式善于从客观的具象出发，通过类比联想对客体进行抽象，寻求其普遍性。这种多方向的类比联想包括从个体到个体、从个体到一般、从一般到一般和从一般到个体的思考，因此具有鲜明的综合整体特征。虽然这种整体观念比较容易把握事物发展的全貌，可是难以揭示现象背后的深刻原因，从而只能得出停留在现象上的结论。

3. 曲线的思维方式与直线的思维方式

中西方人的思维轨迹是不同的，中国人的思维轨迹是圆形的、曲线的，西方人的思维轨迹是直线的。中国文化是圆形文化、曲线文化。中国的天像是圆形的。圆形宇宙哲学意识深深地扎根在中国人的心中。北朝民歌"敕勒川，阴山下，天似穹庐，笼盖四野"就是这种文化的体现。《周易》的太极图是圆形的，阴阳的互相转化始终走不出圆形的桎梏，儒道互补的文化特色是圆形的，也在太极图的规范之内。既然是圆形的思维方式，有圆必有圆心，于是中国人认为北极是天之中央,众星辰围着北极而转,与此相对应形成了古代中国人的中央思想,中央是绝对权威,一切都得围绕中央而转,围绕皇帝而转。因此,中国两千多年的封建社会,虽经历多次改朝换代,中央集权制的官僚政体却一直保存了下来。

与中国文化相反,西方人的思维方式是直线的。欧几里得(Euclid)的几何学是直线的,亚里士多德(Aristotle)的逻辑学是直线的,由此奠定了西方人直线思维方式的文化基础。西方人面对世界,通过理念或逻辑结构,使之变成一种可以交流的东西,以便所有人都能够依据公认的统一尺度决定对它的取舍。古希腊文化一开始就有很明显的科学倾向。希腊哲学史上的伟大哲人大都为宇宙的统一追求科学性的答案做出过贡献,到亚里士多德建立了逻辑学,奠定了西方人科学的思维方式发展的基础。西方文化发展的历史就是一个不断毁灭和新生的直线形的历史,西方文化在发展的过程中,文化的中心不断转移:希腊、罗马、威尼斯诸城、英国、法国、德国、美国,哲学上柏拉图的理念、黑格尔的绝对观念一个接一个地不断被否定。从此,西方文化在以后的发展中把这种思维方式辐射到认识的各个领域。

4.模糊性思维与准确性思维

模糊性是中国传统思维的一大特点,而准确性是西方思维的一大特点。西方人将一日三餐(breakfast、lunch、supper)按照时间分得清清楚楚。中国人则不习惯于精确地确定一个词或概念的所指,而是习惯于在一种动态过程中,根据上下文等语境来确定其所指,例如"你吃饭了没有?""饭"可以指三餐中的任何一餐,但人们往往无须指明,因为从说话时间就可推知"饭"的具体所指。

(二)服饰文化的差异

中西方的服饰文化差异一直存在,从历史渊源、人们的生活习惯、文化传统和地理环境等方面,形成了各具特色的风貌和体系。中式服装崇尚装饰,富有传统的民族特色。西式服装注重展示人体之美,讲究穿着效应,善于显露和突出主体,有着浓郁的时代气息,是时代精神的反映。

1. 中西方穿衣观念的差异

(1) 中西方对服饰的审美态度差异

在几千年的历史传统中，中国是一个礼仪之邦，非常崇尚礼数传统与等级制度。古代中国的服装一向被看作穿着者权力和地位的象征。加上儒家道家等几千年的源远流长的文化的影响，中国形成的服饰美学观念表现在服装造型上的是意象的结构，这种平面的直线与曲线的裁剪方法使衣服适体又不完全合体，不裸露张扬也不尽力束缚。在遮体的隐约之中含蓄地显现了流畅婉约、温情流动的人体曲线美。造型意识是节奏化的，在宽衣的贴体与离体之间流露气韵。当穿在身上时，起伏连绵的衣褶和曲直缠绕的襟裾，营造了飘忽自在的效果。在造型上使用这种没有明确凹凸的平面裁剪方法，求得了一个自成纹理、和谐统一的空间造型。这种平面剪裁的服装造型，更趋向于整体感。因此，中式服装造型更显视域空间大，更显大气。

西方有崇尚人体的传统，要求服装能使穿着者更好地表现人体的线条美。西方的穿着观念是服装穿着必须为人体服务，服装穿着要能使人体显长掩短，将人体装点得更美。西方受到古希腊和古罗马文化的影响，经历了文化禁锢与文艺复兴，服装式样无论怎么翻新，都是为了极力地体现人体美。现今人们都崇尚穿着合体的衣裙，在服装裁制时要求"收省"、做垫肩、系腰带、大坦领或开衩等，以及在裁制妇式服装时要求突出胸部的丰满、腰部的纤细，用裙子的长度来调节下肢，目的是进一步突出和强化人的身体。洛可可时期用鲸鱼骨支撑起的罩裙也突出了西方追求夸张华丽造型的特点。

(2) 价值观不同导致穿衣的风格也有较大差异

中国文化中根深蒂固的集体主义价值观也影响了中国人对衣着的偏好。古代中国人对服装的观念比较保守含蓄，因为中国传统倡导自尊自爱，对服装的穿着不追求标新立异而注重"自我调节"，并往往是在调节新旧观念的冲突中寻求新的和谐。中国人讲究穿着搭配上的协调、渐进与含蓄之美，非常愿意克制自己穿着个性的外露。中国的服装从秦汉到明代，虽有小的发展，但总的变化不大。一直到中华人民共和国成立前夕，在清朝服装样式基础上改造而成的长袍马褂，仍被国民党政府视为国家礼服，人们日常穿着的还是大褂、短袄、大裆裤、旗袍、百褶裤之类到现代，虽然衣服变化多样，但是绝大多数中国人的衣着习惯还是相对保守。

而崇尚个人主义价值观的西方人，追求的是"个人本位"，以自我为中心，服装穿着也极具个性，敢于标新立异，我行我素，非常讲究穿着个性的表露。在街头几乎找不到两个穿着完全同样的服装的人，即使男性也是如此，他们敢于大胆地穿出自己的风格。他们认为，穿着与众不同的服装是为了表示自己在社会中的存在，以及自身存在的社会价值。但西方的这种穿着观念也有弊端，那就是容易走向极端，如西方街头出现的嬉皮士服装、补丁装和乞丐装等。

（3）中国人侧重对服装的装饰点缀，西方人侧重服装的整体造型

中国人对服装穿着价值的认可体现在衣片上面，即如何作图案的铺陈和各类装饰工艺的点缀。对服装的装饰一是为了显示着装者社会地位，作为权力的象征；二是作为反映服装美的一种最直接的表现。我国的传统服装，在细节上的要求精致到了极点。不论什么朝代的服装都不厌其烦地描龙绣凤，着眼于开襟、衣领、袖边等细节部位的装饰，或在长短宽窄之间做细小变化，但是很少从式样造型结构方面去考虑改革和创新。这种观念的形成有其历史原因，在我国，历来把服装与人同等看待。墨子曾说过"其为衣服，非为身体，皆为观好"，意思是把衣服本身当作一种独立的工艺品来欣赏。无论是"宽衣博带"的深衣或袍服之类的正规服装，还是平常穿的便服，从繁缛华丽的纹样与色彩，到精美绝伦的材料与工艺，都是围绕着"装饰"这个宗旨进行设计的。

西方人重视服装造型结构的组合之美，所以服装造型富有变化，经常更新。西式服装随着人体的运动姿态和穿着者的举止行动，呈现为动态状的时空造型，所以奥格尔称西式服装是"走动的建筑"，正因如此，西式服装所追求的是在动的变化中产生的形体造型效果。所以西式服装的造型大都能适身合体，能满足人体高低起伏曲线变化的需要，能起到充分显露人体美的功能，有时还能显长掩短，达到修饰人体不足的特殊效果。在今天，西式立体造型服装之所以能受到普遍欢迎，富有时代精神，成为时代潮流的象征，是因为西方的服装穿着观念包含有一定的科学性与合理性。西方人重科学尚进取，强调改变自然和征服自然。表现于服装方面，四季服装的色彩与时令季节的自然环境形成鲜明对

比。例如，西方人在五彩缤纷的春季喜欢穿着简练的服装，有时故意将服装裁制得男性化，这些均与自然环境和规律相悖。可以说，这是西方人一种心理上的"扩张"和"征服"欲望的体现。

2. 设计造型的差异

（1）中西方服装结构设计的差异

中式服装的结构是按照人体站立时的静态姿势设计的。我国传统的服装从古代深衣制作时就采用了人体两臂平展、两腿稍劈站立姿态的结构形式，因此，裁制成的服装是直线状、整片式、平面型的。普通的衣服穿在身上平直宽松、朴素简便、利于劳动。中式服装举手抬腿、蹲坐跨步都很方便，不受拘束。正因如此，中式上衣在晾晒、折叠、收藏时都很方便。由于中式上衣的结构是独片相连的，所以它是整片式的，裁剪方法比较简单。西式服装非常强调符合体型，因而服装的结构较为复杂。它以人体结构的躯干、上肢、下肢的各个局部，分别设计出领子、衣身、袖子、裤筒等各个主要部位，并加上一些附属部件而构成整件衣和裤；而各个主要部件，也是按照人体外形轮廓的长短、大小、粗细设计成不规则的筒状、管状等形式。如按照较粗大的胸围、臀围及较细小的腰围、领围设计不规则的筒状的衣身、圈状的衣领，按照臀、腿的外形设计上粗、下细的袖管、裤管等。

（2）中西服装的款式设计的差异

这种差异的产生与中西方人的体型差异有重大关系，中国人比较娇小纤细，身体的线条比较柔和；西方人比较健硕，骨架也相对粗大，身体线条凹凸也更加明显。

中式服装的款式偏向含蓄保守。我国传统的服装造型历来都要求把人体严严实实地包裹起来，紧扣的衣领，宽空的衣身，长长的衣袖和裤、裙，似乎是一只口袋，把人体装在里面。

相对来说，西式服装在式样方面就开放得多，显露身材而变化多端。各类袒露、开放的造型仍是西式服装的造型主流，形形色色的大坦领、V字领、短包袖、马甲袖等被频繁地交替使用着。在裁制夏季服装或晚装时，女士们都喜欢选用那些薄而透的衣料，尽显身材曲线之美。西式服装的造型除了崇尚袒露以外，也有讲究遮掩的。西式服装也有各种封闭裹身式的，但性质与中式的不一样。西式的裹身服装是立体紧窄式的，紧贴人体，能使人体曲线毕露，如紧臀式牛仔裤、用针织衣料制作的弹力衫或羊毛套裙等。西式服装的造型不论是袒露式的还是裹身式的，都是服装款式开放的结果，是从属于同一主题的两种表现。

（3）中西方对服饰图案的选择差异

中西服饰在对图案的选择上也呈现出一定的差异。中式服装喜好运用图案表达吉祥的祝愿。从古至今，从高贵绸缎到民间印花布，吉祥图样的运用极为广泛。如龙凤呈祥、龙飞凤舞、九龙戏珠等图样，不仅隐喻着图腾崇拜，而且抒发着"龙的传人"的情感；而鹤鹿同春、喜鹊登梅、凤穿牡丹等图案，反映了人民对美满生活的期望。

西式服装上的图案随着历史的变迁而不断变化。古代多流行花草放样，意大利文艺复兴时期流行华丽的花卉图案，法国路易十五时期，受洛可可装饰风格的影响，流行表现S形或旋涡形的藤草和轻淡柔和的庭院花草放样。近代有影响力的流行图案花草放样有野兽派的杜飞花草放样、利用几何透视原理设计的欧普图案等。

（4）中西方对服装面料的选取差异

中国曾经是著称于世的"丝绸王国"，所以裁制传统的中式服装均以丝绸为主。利用丝绸裁制的服装，柔软滑爽、通气性好，夏季穿着凉爽舒适，冬季穿着轻盈保暖。同时丝绸衣料色彩鲜艳，纹样图案精致细腻选用丝绸衣料裁制的服装，富有民族特色，并可缀以镶、嵌、滚、绣等各项工艺装饰，穿上以后给人以雍容高贵、窈窕妩媚的感觉。

西方人在过去大都以狩猎或游牧为主，所以在原始社会时期他们就懂得用兽毛皮来制作衣物，以保护和装饰自己。中世纪以后，西方国家的毛纺和毛织工艺得到迅速发展，特别是英国、意大利等国的毛纺工艺更为精湛，毛呢衣料的穿着日趋普遍。在当时，西方国家的男子服饰大都是用毛呢衣料裁制的，所以他们的毛呢织物的品种也很繁多。毛呢衣料的特点是坚实、挺括、可塑性强。所以用毛呢衣料裁制成的服装，通过热塑变形和热塑定形（即俗称推、归、拔工艺）处理，可使外形有高低起伏的变化，穿着后适身合体，给人以端庄、风度翩翩、充满朝气和活力的感觉。

（三）交流语言的差异

1. 称谓称呼差异

汉语中有着丰富的称谓系统，对所有的亲属及社会关系都有明确的称谓来定位。而英语中的称谓则少得可怜。在我国，一贯以尊敬老人为传统美德，以"老"字为尊称，老人被称为"老先生、老大爷、老大娘"等；德高望重的长者被称为"张老、李老"；而政界资深的人则被称为"元老"。而英语国家中，人们最怕被人恭维年老，在他们的意识中，"old"是"无用"的代名词，因此，无论男女老少，都喜欢别人直呼其名，以此表示亲切友好，即使父子、母女之间也不例外。

2. 问候差异

问候是一种十分普遍的语言行为，是人与人之间礼貌准则的体现。由于文化的差异，中、英语言中的礼貌准则各不相同。如中国人通过对对方的衣、食、住、行等切身利益的询问以示自己的关切；而西方人对别人的私事不大关心。

3. 答谢的差异

英语中"Thank you"的适用范围要比汉语中的"谢谢"宽广得多，它既可用于社交场合，又可以是家常用语。而这在中国人看来，难免有些见外。甚至在拒绝别人的帮助时，也需要说"Thank you"。不仅如此，英语中的答谢语也比汉语的多。

4. 告辞的差异

中国人临告别时，主人通常说："没招待好，请多多包涵。"客人也常说："打扰你了，耽误了你的时间。"而英语国家文化中，客人则说："I've had a wonderful time.Goodbye！"主人也常说："I am glad you've come."中国主人把客人送出门时常说"慢走，您走好"或者"外面很冷，请添件衣服吧"以示关怀，而在西方国家，这种关怀可能会被客人误解为你怀疑他的生活能力。

5. 请求的差异

中国人请求别人做事的方式直接，近乎命令口气。即使带上一个"请"字，也丝毫没有选择余地。譬如，"请把门打开""把灯关了"。然而，英语中提出请求时，语气则相对含蓄、委婉。

另外，英语和汉语一样，人们为了回避某些不便谈及的话题或词汇，常用一些委婉词语代替，即语言的禁忌现象（ta-boo）。例如，在讲究礼貌的场合忌讳谈大小便，因为排泄乃不洁之事，难登大雅之堂，从而就有了委婉说法，如 use the bathroom；go to the restroom/washroom；do one's needs 等。

第二节　文化差异对英语教学的影响与启示

一、语言差异对英语教学的影响

文化与语言之间有着密切的联系，在进行英语学习时，了解必要的文化背景知识是提高英语能力的重要方面。但在传统的英语教学中，教师只注重教授学生语法知识，要求学生有一定的单词量积累，对于英语文化、风俗的讲解却十分有限，因此，学生在学习英语时就会遇到文化层面上的障碍，从而导致中国式英语的产生。

（一）语音差异使得学生的英语学习存在障碍

我国的母语是汉语，一个字一个音节。但是在英语中却不是这样，英语中一个词有可能是一个音节，也可能是两个、三个，甚至是多音节。此外，在发音问题上，还有一个很重要的因素是值得注意的，那就是语调。汉语中有四种语调，但是英语的发音规则里却没有语调的区分，这对学生正确的发音与交流造成了很大的影响。英语中虽然没有语调的划分，但有重音，而汉语中却没有，这也是两种语言重要的区别之一。因而，在我国的具体英语教学实践中，教师应注意对每个学生进行音节、重音等方面的培养与训练，让学生练习正确的发音。当然，教师还可以开展一些英语活动，让学生进行口语练习，如学唱英文歌曲、朗诵诗歌等，都是很不错的练习形式。

（二）词汇差别使得理解发生分歧

中国与西方国家在说话方式、问候方式、风土人情等方面都有明显的差别。这在语言词汇的学习中就表现得很明显，如"freeze"这个词的基本含义是"冰冻""结冰"，在一些英语教材中也只介绍了这个含义，但是在美国，"freeze"还是人人皆知的日常用语，有"站住""不许动"的意思。又如"狗"这个词，在中国它是忠实的象征，但"狼心狗肺""狗咬吕洞宾，不识好人心"中的"狗"，即为贬义词。但是在西方国家里，人们却对狗十分喜爱，如果有人说："You dog."那么其意思是说"你很可爱"。而日常生活中人们也经常将那些幸运之人称为"lucky dog"。对于这些词汇的用法，教师应对学生进行必要的训练，使得学生在具体的英语对话中能够充分了解其语意，从而更好地与西方人进行沟通。

（三）语法结构与句子构成导致出现中国式英语

如果学生不能充分理解英语句子的构成，那么其英语写作与阅读能力将难以提高。在日常的英语学习中，很多学生由于不能够掌握英语语法与句式，因而写出了很多中国式的英语，如"hours read English every day""My English level high"等。这样的句子是用汉语的思维写下来的，它完全不符合英语的表达要求。虽然这只是英语语法表达方面的错误，但究其根源，其实是由中西方文化特点不同所导致的。中国学生在中国式思维下，对英语句子进行组合与书写，使得中国式英语现象一直大量存在。因此，在具体的英语教学中，教师应对学生进行西方思维习惯的培养，使得学生在语法结构与构成方面能对英语有一个更好的认识，从而保证英语能力的提高。

二、多元文化对英语教学的启示

（一）多元文化教育的发展

多元文化在世界范围内的不断发展对教育研究也产生了重要的影响。多元文化教育的发展走向如下。

1. 促进教育从一元走向多元

人类文化发展历程是一个由文化一元隔阂，到文化多元并存，再到文化多元互动的过程。教育因其与政治、经济、文化的密切关系，面临着新的国际境遇带来的挑战。教育应当成为和平以及国际理解的促进者；教育应当承担起培养年轻一代具备民主、尊重、宽容、平等、自由、理解等品质的责任；教育不仅要宣传文化历史与传统对于当代社会多种文化的重要意义，更要致力于对文化的过程性、连贯性与变化性的理解与把握，促进文化的认同。教育应当成为引导学生尊重与理解其他文化、促进人类文化平等与和谐、推动世界稳定与发展的重要手段。多元文化教育包括了为全体学习者所设计的计划、课程或活动，而这些计划、课程或活动，能促进文化的多样性发展。这种教育能够促进学业成功，增进国际理解，其目的应是让受教育者从理解自己国家的文化发展到鉴赏邻国的文化，并最终鉴赏世界性文化。

20 世纪 30 年代至今，联合国教科文组织在其组织召开的一系列国际教育大会中均体现出对世界上多元文化的承认，对各个民族文化的尊重以及对民族传统文化的保护、传承与创新的重视，表现出国际社会与国际舆论对多元文化教育的关注及其所采取的教育措施的一致性与坚定性。世界各国、各民族自古以来的多元文化教育系统及其实践各具特点，为改进、提高、相互学习借鉴提供了巨大的潜能和丰富的资源，成为教育改革、教育创新的巨大资源库，对这些资源的充分利用，不仅为教育提供了丰富的内容，同时也为教育成效的取得提供了丰厚的沃土。因此，当下的教育应当从多种文化中吸取养分，向学生展示世界不同文化间的异同，并为促进多种文化的生存与发展做出努力。

2. 促进教育从隔离走向理解

当今世界，人类活动范围逐渐扩大，人类社会由封闭、半封闭与隔阂的状态转变为半开放、开放与相互交往的状态，社会经济由地方性、自给自足向全球化转变。历史的进程要求过去的文化孤岛被文化多元所替代，文化的排他性被文化的包容性所替代。不同人类群体间的交流也越来越频繁、密切，文化间关系由相互疏远到相互接近、由相互孤立到相互依赖。这种世界文化格局及其所带来的文化怀乡的愁绪以及对民族文化的追思，引导人们从一个更新、更高、更远的视角去思考教育所培养的人的品格，去重新审视人类的文化与各民族文化，去建构新的世界文化图景。与此同时，文化人类学的研究成果揭示了文化差异背后的人类的相似性与相通性，为各不同文化民族的相互尊重、相互沟通提供了人类学的启示。文化的变迁要求教育培养的人具备跨越文化边界，与不同文化背景的人进行交流、沟通与理解的能力以及在多元文化场景中的适应力。具体而言，跨文化人才的培养应从以下几方面着手：

第一，培养开阔的文化视界。多元文化教育通过对世界各民族文化的传播，开阔学生的文化视野，让他们了解、鉴赏本民族文化的历史渊源与精粹，同时也了解、鉴赏世界文化的起源、发展及精神实质。

第二，树立开放的世界文化观。多元文化教育在传递世界各民族文化知识的同时，还应进行文化观的渗透，培养学生的跨文化意识，让学生不仅具有对本民族文化的深刻理解以及由此而生的民族自豪感和认同意识，而且具有对其他民族文化的尊重宽容与接纳的意识。

第三，倡导积极的跨文化情感。多元文化教育的过程，也是一个与本民族文化及世界文化的情感交流的过程。所以，应注重对学生跨文化情感的熏陶，使他们既不沉醉于本民族文化而盲目排外，也不羡慕其他民族文化而崇洋媚外，养成自尊、自爱、平等、开放、互尊的文化态度。

第四，提升全面的跨文化能力。多元文化教育要注重让学生掌握文化间对话、交流、理解的能力，养成参与民主决策的社会与政治的能力，提高在多元文化碰撞与冲突的局面下，能够敏锐把握文化动向、调整自身观念与行为的跨文化适应力。教育通过对文化进行选择、组织和重构，使文化得以再生和继承；教育通过对文化进行传播、整合，使原有文化发生性质、功能等方面的变化，衍生出新的文化，带领人类超越器物的束缚和生命的限制而达到精神上的自由。因此，当代教育被赋予了前所未有的文化重任。提高世界文化的发展力是多元文化教育的重要使命。

3. 促进教育从封闭走向开放

从全球范围而言，为冲破文化边界的藩篱、为解决文化间的冲突而实施的教育政策经历了三个发展阶段，即由突出种族优越感的同化教育，演化到多种文化并存的多元一体化教育然后过渡到多种文化互动的多元文化教育。第一阶段的主要特征为种族中心，试图融合全部现有文化，使之遵循一种文化普世原则；第二阶段的主要特征为种族多元，是一种基于对各种文化认可的文化多元视角的教育；第三阶段的主要特征为种族互动，是一种基于对多元文化关系的洞察的、符合文化发展规律的各种文化间的相互接触、相互渗透、相互影响的教育。多元文化教育的发展历程实际上是社会文化发展的历史脉络以及当代社会的文化间的平等交流、多样化发展的关系的反映，是一个从地区性教育行动到全球性教育行动的演变过程，是一个从文化静态取向教育向文化动态取向教育的转变过程。因此新的世界局势要求重新审视主流文化教育的出发点与归宿，正视教育中存在的局限性，满足多文化群体的文化需求，保证各种来自不同文化群体的学生能够取得学业成功。

当前，世界经济文化全球化的进程不断加速，使得不同文化间的接触越来越密切，而文化的敏感性也日益加大，文化的多元需要人们用一个超越文化差异的，更高、更大、更远的视角看待文化，需要人们用一个新的多元的视角看待教育，培养具有民主、尊重、宽容、平等、自由、理解品质的世界公民。多元文化教育倡导跨越地理疆界与文化边界的藩篱，正视由于文化自身的张力而带来的文化交流与碰撞，并将其视为文化多样性发展的动力；多元文化教育立足于对不同文化的相互尊重与交流以及不同文化间的理解与平等对话，强调文化间的互动；多元文化教育通过对跨文化人才的培养，推动世界文化的进步，促进人类和平事业的发展。历史表明，人类只有具备了更广阔、更开放的视野，才能了解世界各民族在各时代中相互影响的程度及其对人类历史进程的重大影响；人类也只有具备了全球的和全人类的宽阔视野以及更强的跨文化适应力，才能促进全球范围内各民族的和谐相处与共同进步。

（二）多元文化下英语教学的原则

1. 文化性原则

学生学习英语不仅是学习单词及语法，同时也是在学习语言文化。语言既是文化的一部分，也是文化的重要载体，因此文化教学理应成为语言教学的重要组成部分。重视文化原则需要教师做到以下两点：

（1）加强文化知识的传授，鼓励学生积极参与实践

教师在强调学生基础知识积累的同时，应该贯穿英语交际能力的培养，注意英语文化知识的传授。例如，在课堂上讲授有关文化的知识，鼓励学生利用课堂、课外进行练习和巩固；积极举办英语"沙龙"活动或英语演讲、话剧表演比赛，开展英语讲座、听报告、听广播、看录像等活动，培养学生在实际中运用语言的能力和技巧，提高学生的听、读、写、说能力，增强学生的知识积累。

（2）利用教材渗透多元文化，提高学生的英语文化水平

在教材的处理上，教师可以结合课本内容，不断拓展、引出相关的文化信息。词汇是语言中最活跃的成分，也是最大的文化载体之一。因此，在平时的教学中，教师应注意介绍英语词汇的文化意义。英语中有许多词汇来自神话、寓言、传说，或是与某些名著有关。了解这方面的文化知识，有助于学生对英语词汇的理解和掌握。由于环境、历史和文化的不同，在表示相似的比喻或象征意义时，英语和汉语会使用完全不同的颜色词，如 green hand（没有经验的人）等。

在语法教学中，教师也可以结合多元文化进行讲授。教师可以通过适当的英汉语言对比，启发学生讨论，增强学生的学习兴趣，增加他们的信息量，扩大他们的知识面，帮助他们牢固地掌握英语语法，提高他们运用英语的能力。例如，在总结名词复数形式时，变化规则中以 o 结尾的名词一般情况下在词尾加 es，但是，由于英国多次受到外来种族的入侵，英语词汇中有很多外来词汇（如 tobacco，piano 等）则在词尾加 s。

2. 交际性原则

英语学习的最终目的是使用英语，英语教学的最终目的是培养学生对英语的综合运用能力。因此，在教学过程中，教师要始终遵循交际性原则，以培养学生的交际能力为最终目的。具体来说，教师在教学过程中需要注意以下几个方面：

（1）正确认识英语教学的性质

教师首先需要认清英语教学的性质。英语教学作为一种技能培养型课程，

其教、学、用三个方面构成一个有机的统一体，三者之间是一种相辅相成的关系，其中"用"在这三个方面中处于核心地位。与学习游泳类似，英语交际能力是在实践的过程中培养出来的，如果只有理论没有应用，就很难达到预期的目标。因此在教学中应时刻给学生锻炼的机会，加强英语使用的力度。

（2）将英语作为一种交际工具

英语是一种交际工具，英语教学的目的是培养学生使用这种交际工具的能力。交际工具的应用能力是在实践当中培养出来的，因此教师在教学中及学生在学习中都要把英语作为一种交际工具，教师和学生在课上课下都要积极使用这种交际工具进行交流。

在英语教学中，教师或学生并不是单纯地教知识或学知识，而是通过操练，培养或形成用英语进行交际的能力。教师要尽量利用教具为学生创造适当的情境，协助学生进行以英语作为交际工具的真实的或逼真的演习。这样学生不仅学得有兴趣、有成效，而且能真正活学活用。

（3）在教学中灵活创设交际情境

要想让学生具备使用英语进行交际的能力，使学生能够在适当的地点和时间以适当的方式向适当的人讲适当的话，就应在英语教学中创设情境，开展多种形式的交际活动。众所周知，利用语言进行的交际总是发生在特定的情境之中。情境包括时间、地点、参与者、交际方式、谈论的题目等要素，在某一特定的情境中，某些因素，如讲话者所处的时间、地点以及本人的身份等都制约他说话的内容、语气等。而且，在不同的情境中，同样的一句话也可以表达不同的意义。例如，"Can you tell me the time"这句话可能表示的意思就有两种：一是向别人询问时间，是一种请求的语气；二是表示对他人迟到的一种责备。因此，在英语教学中，要把教学的内容置于一种有意义的情境之中，这样才有可能让学生充分理解每一句话所表达的意思。

教师在教学过程中要充分结合教材内容，利用各种现有的教具，开展各种情境的交际活动，这样对学生和教学都会产生有利的影响，收到不错的教学效果。此外，教师也可以设计任务型活动，让学生通过完成特定的任务来获得和积累相应的知识与经验。需要注意的是，这些活动需要具有交际的性质，才有利于交际目标的完成。

（4）结合学生的生活来选择教学内容与活动

在进行英语教学时，现实生活这个因素也是需要考虑的，因为语言总是与现实生活密切联系的。在英语教学中，教师应当选择贴近学生生活的信息材料。这样的材料由于具有一定的现实性，因此容易使学生产生共鸣，从而调动学生的兴趣，也能促使他们认识到学习英语的目的在于交际，而不是应付考试。例如，在教关于交通工具的词汇时，教师可以联系学生的出行方式，引导学生想象自己每天是如何到学校的。根据学生的回答，如步行、骑自行车、坐公交等导入on foot，by bike，in a bus 等单词与短语。又如，在高校英语教学过程中，教师可以结合学生毕业后面临的找工作问题，训练学生撰写简历、通知等的能力。

（三）多元文化背景下英语教学的重点实践方向

1. 激发学生对文化差异的兴趣

学生无论学什么，只有在自己真正感兴趣的情况下，才会充分发挥自己的主观能动性。学习英语也是如此。因此，在传授跨文化知识时，培养学生对文化差异的兴趣是英语教学必须考虑的一个方面。教师只有不断地改进教学方法，增加新的教学内容，将趣味性贯穿于教学过程之中，才能调动学生的兴趣，激发学生学习的热情。

教师可以通过教学方法、教学内容的对比激发学生对文化差异的兴趣。介绍文化背景，比较文化差异，最好的方法是透过语言看文化，通过所学的语言材料了解其中所含的民族文化语义。通过这种方法，教师可以把枯燥无味的词语解释、语法讲解等变得形象生动，使学生在活跃的气氛中不仅能学到英语语言知识，还能领略到英语民族文化。

教师是教学的主导者，而学生是教学的主体，在教学中处于中心地位，教师传授的知识最终要由学生加以理解、吸收，而学生跨文化交际的能力主要靠实践来培养。英语教师应根据教学内容和学生特点，在课堂上采用灵活多样的教学方法和教学手段，并帮助学生树立坚持不懈、持之以恒的英语学习态度。在培养学生的学习兴趣的同时，教师还应当帮助他们养成良好的学习习惯，也就是教会学生学习方法。如果学生只会整天抱着课本死记硬背，则很难掌握实际的英语交际能力。教师在教学中一定要结合具体教学对象的学习实际采用行之有效的教学方法。英语是一种工具，英语学习是一个漫长的过程，文化信息需要日积月累，学生只有通过持之以恒的学习和大量的实践训练才能做到活学活用，形成驾驭英语语言的跨文化交际能力。英语教学要把讲解语言知识和介绍文化背景知识、比较中英文化差异有机地结合起来，充分发挥文化背景在教学中的积极作用，培养学生对文化差异的敏感性。

2. 培养学生的跨文化意识

因为跨文化意识是如此重要，所以教师在教学过程中必须重视对学生跨文化意识的培养。在英语教学中，教师要充分利用现代化的教学手段，介绍英语国家文化背景，让学生最大限度地接触一些英语国家的文化信息。

对跨文化的敏感性主要来自两种途径。一是直接途径，也就是通过在外国生活、体验的方式来获取文化信息，培养对异国文化的敏感性。这对我国国内学生来说显然不可能。因此，我国英语教师可以采用另一种途径培养学生的跨文化意识，即间接途径。间接的方法有很多，包括课堂学习、课外阅读、收听英语广播、观看一些英文图像资料等。但是英语课堂教学毕竟具有一定的局限性，因此通过课外学习活动是培养学生跨文化意识的有效途径，教师应该鼓励并指导学生开展形式多样的课外学习活动，特别是要借助先进的现代化教学手段，加强学生的语言听说训练，直接在英语教学中给学生导入一些英语文化背景知识。教师应该鼓励学生观看英文原版电影、录像。由英语国家本族人所演绎的英文原版电影、录像都具有浓厚的英语文化气息，因此通过观看英文原版电影、录像提高文化差异敏感性是一种非常有效的手段。对缺少英语语言环境的我国英语学习者而言，最大的困难就是从课本里学来的英文知识往往与现实生活中的语用实际脱节，而观看英文原版电影、录像不仅可以扩大词汇量，增强听说能力，还能从中学到很多文化知识，动态的电影、录像情境，往往会让他们对外国文化更容易理解，印象也更为深刻。

3. 增强学生的跨文化感悟力

通过文化差异的比较，学生会在头脑中形成一种潜在的反应能力，这种能力就是通过语言这一载体对英语所反映的文化内容的综合性的理解能力，也就是人们常说的文化感悟力。

在英语教学中，教师应注重对英语国家文化背景的介绍，使学生了解英美等国家的文化，通过比较英汉文化的差异，让学生明白不同的语言以及语言背后的不同文化，学会在适当的场合用适当的语言表达自己的思想，实现培养和提高学生运用英语在跨文化语境中正确交流的能力。

增强学生的跨文化感悟力，需要教师引导学生接触、理解文化差异。教师可以在课堂中教授文化知识。教材中有不少关于英语国家的生活方式、行为规范、价值观念、历史地理、文化艺术、风土人情、传统习俗等方面的对话和课文，教师应该让学生注意这些文化知识，增加学生对英语国家文化的感悟力。教师还可通过指导学生开展课外活动学习西方文化知识，如带领学生多读一些英语报刊、多听一些英语广播、多看一些原版影视资料来广泛接触和逐步丰富英语文化背景知识，还可以通过指导学生开展英语角、英语晚会、专题讲座以及课外实践活动，使学生在不断接触英语文化的环境中比较文化的差异，培养跨文化意识，增强跨文化感悟力。学生增强了跨文化感悟力就容易理解交际中出现的文化差异，如一见到 black tea，头脑中立刻明白这是中国人常喝的"红茶"。

总之，只有在教学中充分挖掘课程中的文化内涵，引导学生课外了解英语文化知识，才能使学生认识到中西文化的差异，认识到世界文化的多元性，增强跨文化感悟力，最终形成较强的跨文化交际能力。

第三章
高校英语文化教学

第一节 高校英语文化教学的内涵与内容目标

语言是文化的重要组成部分,语言背后蕴含的是丰富的文化内容。但是,要想明确高校英语文化教学的相关知识,首先就需要弄清楚其基本的内涵,并在此基础上分析高校英语文化教学的现状,以此更好地推进高校英语文化教学。

一、高校英语文化教学的内涵

20世纪90年代,著名学者胡文仲在《文化与交际》一书中明确表示,语言是文化的一部分,是文化的一种表现形式,如果不对英美文化有清楚的了解,那么是很难学好英语的。从胡文仲先生的这段话中可知,要想真正地学会使用语言,就必须了解语言背后的文化,包含历史传统、风俗习惯、生活方式等。因此,在高校英语教学中必须融入文化教学,引导学生有意识地学习英美国家的文化背景知识,增强学生对文化的敏感性。只有这样,才能真正地提升学生的跨文化交际能力,从而培养出社会需要的人才。

(一) 文化的分类

此处我们主要从以下两个角度对文化进行分类。

1.从内涵特点的角度进行分类

从内涵特点的角度出发,文化可被分为知识文化和交际文化两种。知识文化包括社会、政治、经济、文学、艺术、历史、哲学、科技成就等方面的内容；交际文化也可被称为常识文化，主要包括思维方式、行为准则、生活习惯和社会习俗等方面的内容。这是对知识文化和交际文化含义的解析。所谓知识文化，主要是指非语言标志的、在跨文化交际中不直接产生严重影响的文化知识。这种文化主要以物质形式存在，如文物古迹、艺术品等。交际文化主要是指在跨文化交际中直接产生影响的隐含在语言中的文化信息。它主要以非物质形式存在。

2. 从表现形式的角度进行分类

从表现形式的角度出发，文化可被分为物质文化、制度文化、精神文化三种。

（1）物质文化。物质文化是这三种文化中最基础的，是人们在社会实践中的物质生产活动及其产品的总和，它以满足人们最基本的生存需要为目标。汉服、饺子、四合院、鼓楼、胡同、马车等都属于物质文化。

（2）制度文化。制度文化是指人们为了更好地开展社会生产和实践活动而建立起来的各种法律法规、组织形式、规章制度等。它包括国家管理机构、生产所有制、国家法律制度、民族的礼仪制度等。制度文化的本质是人类创造的一种通过约束自己来更好地服务于群体的手段。

（3）精神文化。精神文化是人们在长期的社会实践活动和思想意识活动中孕育出来的，它是精神的文化内核，是文化的意识形态部分。精神文化主要包括道德、伦理、价值观、文学等意识方面的内容。

（二）文化教学的兴起与发展

文化教学源自跨文化教育，并且随着跨文化教育的发展而不断发展。

跨文化教育历史悠久，从古至今，世界上各个国家开展了不同方式与程度的交往，如国家间的旅游、访问、留学等。事实上，这些都属于跨文化教育实践。

世界上不同文化之间相互交流与合作，促进了各国文化的发展。但需要指出的是，受各种因素的影响，文化差异必然存在，这就导致隔阂与冲突的存在。为了保证各民族、各国之间的文化能够相互学习与理解，就必然需要进行跨文化教育。

跨文化教育是一个新兴领域，产生于20世纪60年代。在这一时期，世界上移民国家众多，移民的存在就引起了很多社会问题。最初，移民国家更加关注移民如何在当地的环境下生存，随着时代的发展，他们对文化的交融开始予以关注，并开始分析为何会出现文化变迁、文化融合后的消失现象等。之后，跨文化教育理论诞生，如文化同化论、文化变迁论、文化融合论、跨文化交流论、多元文化教育论等。

进入20世纪90年代，在联合国教科文组织的不断推动下，跨文化教育的理念更加明确，也得到了世界各国的认同。其中联合国教科文组织召开的第43届国际教育大会起着十分重要的作用。这次大会的主题为"教育对文化发展的贡献"，并发布了《教育对文化发展的贡献》的纲领性文件。这一文件主要宣扬跨文化教育，并促进了世界各国跨文化教育的发展，具体来说表现为如下几点。

（1）明确人的全面发展的作用，并指出应该通过广泛的接触与教育来促进人的全面发展。

（2）明确指出普及教育、传播文化是联合国教科文组织的目标，以保证各国之间的文化多样性与文化独立性。

（3）明确每个人都有权利参与文化与艺术活动，享受文化生活。

（4）重视通过不同文化开展对话与交流，以使得文化更具有多样性，也能彰显出自身文化的特性。

（5）明确教育与文化的关系，尤其是教育对文化的作用。

（6）明确对跨文化教育的相关概念进行定义，认为其目的在于尊重文化、理解文化的多样性。

（7）界定跨文化教育的范畴，不仅将某些学科的教学活动容纳进去，还将所有学科教学与学校系统、媒体、家庭等容纳进去。

（8）倡导学校必须与社会环境相结合，逐渐构筑成一个有效的对话场所，并将学生的文化视野逐渐扩大。

（9）提出跨文化教育策略、方法，并指明教育内容、教育课程、教育语言等教育原则。

（10）呼吁构建跨文化教育质量标准，以推进跨文化教育在世界的进步与发展。

另外，联合国教科文组织的第44届国际教育大会也重点提出了跨文化教育，并对跨文化教育理念进行深化。它将"国际理解教育的总结与展望"作为主题。这一主题强调如下三点。

一是教育政策必须有助于人们、社会与文化之间相互理解，并能够相互团结与宽容。

二是教育必须有助于提升文化态度与文化认知，并构建和平、民主的文化价值观。

三是教育机构应该成为一个理想的场所，即对人权要尊重与宽容，努力实现文化的多元化。

进入21世纪，联合国教科文组织为更好地推进跨文化教育，提出了跨文化教育的方针与措施。随着联合国教科文组织的推动，世界上各国建立了相应的教育组织机构，其都是为了推进跨文化教育。可见，跨文化教育已经在当代成为一种普遍现象，也必须被重视起来。

正因为跨文化教育不断发展，高校英语文化教学逐渐被人们关注，并展开了对其内容、目标等多个层面的研究和探讨。

（三）文化教学的具体任务

教学任务就是教学目的，当前高校英语文化教学的目标是提升与培养学生的交际能力，具体表现为如下三点。

1. 帮助学生树立多元文化意识

对世界文化多样性的了解，有助于人们建立多元文化的意识与观念。不同文化产生的背景不同，是不能相互替代的。基于全球化的视角，各个文化群体之间的交流也日益频繁，因此需要对异质文化予以理解与尊重，努力避免在交际过程中出现冲突。

在高校英语文化教学中，教师应该努力培养学生积极理解不同文化，让他们对自身文化有清晰的了解，同时以正确的心态对待他国文化，应对世界的多元化。

2. 发展学生的批判性思维

在高校英语文化教学中，教师应该不断培养学生的批判性思维，让学生对本国文化加以反思，然后采用多元文化的有利条件，对文化背后的现象进行假设，确立自己的个人文化观念。

3. 为学生创造学习异质文化的机会

当中西方两种文化进行接触与了解时，不可避免地会遇到碰撞的情况，并且很多时候也会感到不适应。因此，在高校英语文化教学中，教师应该帮助学生避免这一点，让他们有更多机会了解异域文化，提升自身的文化适应力。

二、高校英语语言文化教学内容

（一）词汇

1. 形式

汉语是一种非屈折语言，汉语的词汇一般是由一个语素构成的，属于孤立性的语言，因此更倾向于复合构词法。汉语中词缀的数量很少，而且加缀情况也并不固定，因此应用并不是很广泛。汉语名词可以分为集体名词、抽象名词等，没有数的变化，但是可以充当谓语。汉语动词不是造句的核心部分，动词不是汉语句子中必需的成分。汉语形容词作名词的定语只能位于名词前面，并且需要连接词，如"的"等。汉语词语一般有固定的格式，尤其是以三字格和四字格为主。例如，打水漂、励精图治、如影随形等。

英语属于屈折语言，英语词汇通过词的屈折变化来表示词义或者语法功能的变化，因此英语构词倾向于派生构词法，以至于英语中很多的词汇都是在词根的基础上增加前缀或者后缀衍生出来的。英语名词按照其可数性可以分为可数名词与不可数名词，不可以作谓语。英语句子必须有动词，动词是句子的核心，表达着不同的语法意义，因此动词会有人称、数、时态、语态、体态等变化。英语形容词作名词的定语修饰语，可以放在名词的前面或后面，并且不需要连接词。英语中介词众多，几乎所有的介词都可以和其他词语进行搭配使用，因此英语中拥有大量的介词短语，形式一般是"介词+X"形式。另外，英语中有相当数量的动词短语，一般是双语素动词和三语素动词。

2. 意义

词汇的意义包括指称意义、联想意义和文化意义。由于汉语语言是由单个字搭配而构成的,因此汉语词义具有明显的语义繁衍能力。英语词汇的意义对语境有很强的依赖性,同一个词汇在不同的语境中具有不同的意义,因此英语词汇的意义比较灵活。

英汉词语的指称意义不尽相同,有些可以完全对应,有些部分对应,有些则完全不对应。联想意义包括内涵意义、风格意义、情感意义、反映意义和搭配意义五种。由于文化和语境的区别,英语词汇和汉语词汇有时候在指称意义上相同,但是在联想意义上有差异。词汇是语言的重要组成部分,对词汇的理解不能脱离其所属的文化和社会语境。因此,在不同的文化背景下,词汇有着不同的文化意义。

（二）句法

1. 主谓关系

汉语句子是语义结构,汉语句子的概念基本上是话题评论式的,可以看成话题和说明(TC)二分结构。它先提出一个话题(topic),接着是评论(comment)或解说(explanation)。话题是语义的,和后面的评论不存在一致关系。话题是说话人想要说明的对象,是句子的主体,是全句起主导作用的成分,总是放在句子的开头处。评论部分是述说话题的成分,位于话题之后,对话题进行说明、解释。汉语话题的种类是无限的,任何词、任何词组、任何句子都可以是话题。汉语的话题是已定的,是谈话双方都知道的,是说明的中心。

英语句子是语法结构,英语句子的概念是施事行为式的,可以看作主—谓—宾（SVO）三分结构。英语句子的主语是语法主语或者是施事或者是受事,句子的谓语是行为,主语要与谓语在人称和数方面保持一致。英语的主语种类是有限的。为了完成英语句子的主谓一致关系,一般遵循以下三个原则:语法一致原则、概念一致原则、相邻一致原则。

2. 倒装

汉语句子的话题和评论之间不存在一致性关系,因此没有这种鲜明的标记。当主语和谓语动词错位,两者之间的句法关系就可能被破坏,这就使得汉语句子的主谓倒装受到制约，汉语中的倒装现象远不及英语普遍。

英语句子主谓之间的一致性就是通过谓语动词的语法形式体现出来的，谓语动词的语法形式是一条标记主谓一致性关系的鲜明纽带，只要找到这条纽带，就可以确定主语的位置。这种句法特点为英语句子中一定范围的主谓倒装创造了条件，使英语句子主谓间的句法性倒装和修辞性倒装非常普遍。

3.扩展机制

如果从线性延伸的角度考虑，英汉采用不同的延伸方式。汉语采用逆线性扩展延伸机制，逆线性扩展延伸是从右到左的扩展；而英语采用顺线性扩展延伸机制，顺线性扩展延伸是从左到右的扩展。因此，汉语句子的句首是开放的，句尾是收缩的；英语句子的句尾是开放的，句首是收缩的。

英汉句子扩展机制的差异还体现在末端重量的差异上。汉语句子向左扩展，通常将修饰语放在名词前面，看起来头重脚轻。英语句子向右扩展，使得词、短语、从句都可以置于被修饰语之后，因此英语句子左短右长，句末的分量较重。

（三）语篇

东方人的语篇组织模式是螺旋型。螺旋型结构是汉语语段典型的逻辑序列，以一种循环往复的方式向前推进。且值得注意的是，由于受印欧语的影响，现代汉语的篇章组织变得更为复杂，有的是直线模式，有的以螺旋模式为主，也有的是两种模式交叉进行，很难给出一刀两断的结论。

英语语篇组织模式为直线型，以有秩序的顺序向前推进，先陈述中心意思，然后分点说明。许力生和李广才的语料统计显示，英语语料中的段落大部分是直线发展的，非直线发展的段落占据的比例很小，大概是15%。这些语篇中的段落大部分是采用直线型模式，采用非直线型模式的段落占比很小。

三、高校英语文化教学的目标

英语教育的目标在于帮助学生理解在交际环境下语言所呈现的意义。外语教学不是仅仅像传授其他知识一样，将文化传授给学生，而是帮助学生清楚目的语国家的人们如何对语言与文化进行使用的过程。在建设高校英语文化教学的过程中，如果仅仅对文化事实加以介绍，显然是很难提升学生的跨文化能力的。文化背景不同，决定着人们看待世界的角度不同。为了达到跨文化理解的目的，学生要处于第三位置，即构建一个新的视野，以跨文化人的角度对比母语文化与目的语文化。形成第三视角应该是高校英语文化教学的目标。

托马林（Barry Tomalin）和 S. 斯坦普尔斯基（Susan Stempleski）认为，文化教学有七大目标。[①]

（1）让学生明确目的语文化影响和制约着人们的行为。

（2）让学生明确性别、阶级、年龄等都属于社会的各种因素。

（3）让学生明确目的语文化中形成的行为方式。

（4）让学生理解目的语词组文化。

（5）让学生明确目的语文化的评价方式。

（6）让学生提升自身对目的语文化搜寻与组织的技能，掌握具体的研究技巧与方法。

（7）激发学生学习目的语文化的好奇心，鼓励他们从情感上产生共鸣。

在这七项中，高校英语文化教学目标指出了跨文化能力所具备的知识、意识、态度、技巧等层面。其中（1）（2）属于跨文化意识，（3）（4）属于跨文化知识，（5）（6）属于跨文化技能，（7）属于跨文化态度。

为了提升学生的跨文化交际能力，教师必然需要注重高校英语文化教学。美国外语教学委员会在《外语学习标准》中，提出了外语教育的五个目标，即5C。

交际（Communication）：英语学习的中心是运用非母语的语言进行交际，可能是书写交际，也可能是面对面交际，还可能是跨越历史的交际。

文化（Culture）：通过学习其他语言，学生获知与了解目的语文化。要想学好这门语言，学生需要掌握目的语文化语境。

关联（Connections）：学习英语为学生提供与其他知识联系的机会，这些

---

① 康莉. 跨文化视角下的高校英语教学：困境与突破 [M]. 北京：中国社会科学出版社，2014：51.

相联系的知识是只会一门语言的人无法获得的。

比较与对比（Comparisons&Contrasts）：通过比较与对比，学生不仅形成对自己母语文化的洞察力，还能从多维视角看待世界。

社区（Communities）：社区的元素会促使学生在多样化语境中，运用恰当的文化方式参与到国内外多语言社区中。

显然，《外语学习标准》明确将"获得并了解其他文化知识"看作学习一门外语的标准，注重文化与交际，强调学生应该从母语文化世界走出来，进入到目的语文化之中，实现两种文化的融合。

第二节 高校英语文化教学的意义与策略

高校英语文化教学对语言教学有着重要作用。高校英语文化教学可以使学生在学习语言的过程中理解和接受异域文化，达到良好的跨文化交际的效果。对于我国高校英语教学的对象来说，在学习目的语的过程中，肯定会伴随着学习目的语文化的过程。这一过程可以开阔学生的视野，帮助其建立文化身份，培养其批判性思维，学会包容和审视目的语文化与母语文化。当然，要想更好地开展高校英语文化教学，还需要掌握一定的策略。

一、高校英语文化教学的意义

当前，高校英语文化教学有着十分重要的意义，其不仅与时代发展相符，还能够更好地实现高校英语教学的长远目标，同时做到了符合中国国情，是高校英语有效教学的体现，也是实现素质教育的重要渠道。

（一）符合经济发展的需要

改革开放以后，中国发生了翻天覆地的变化，从曾经的贫穷落后的农业大国已经跃升为世界第二大经济体。即使如此，中国依然有着更高的目标，依然要不断提高自己在国际上的经济地位和市场竞争力。国际市场竞争力说到底还是人才的竞争力，高等院校作为国家培养、输送人才的主要基地，也必须适应我国经济发展的需要。英语作为高等教育的一门基础学科,影响着学生的职业生涯和可持续发展。英语能力不仅体现在英语知识的掌握程度上,还体现在文化背景知识上。从这一点来讲,高校英语教学中的文化教学也是必不可少的。

(二)迎合跨文化交际的需要

在当今大时代背景下,国与国之间的交往日益频繁,这就要求高校学生应该努力学习语言与文化知识,获取语言与文化技能。

世界是一个地球村,经济全球化使得跨文化交际呈现多样性,因此在跨文化交际教学中,教师除了让学生提升自身的语言能力,还应该提升自身的跨文化交际能力,应对交际中出现的各种变化。

另外,随着多元社会的推进,要求交际者应该具备一定的合作能力与意识,无论是生活在什么文化背景中,都应该为社会的进步努力,树立自己的文化意识,用积极的心态去认识世界。可见,跨文化交际教学将英语的价值充分地体现出来,学生对跨文化交际知识的学习也与社会的发展相符,是中西方文化交流不断推进的必由之路。

(三)符合英语课程的内在要求

高校英语课程标准对英语交际能力有着明显的要求。英语文化和母语文化是两种文化体系,因此英语交际能力就是跨文化交际能力的一种体现。跨文化交际能力的提高,要求学生不仅要了解本族文化,也要精通他国文化,而且还要不断接受现实交际的验证。这就使得高校英语教学为了提高学生的跨文化交际能力,必须进行一定程度的文化教学。

(四)实现素质教育的主要渠道

如今,我国对于素质教育非常推崇。作为一门基础课程,英语教学也是素质教育,乃至文化素质教育的重要项目。就跨文化交际的视角来说,高校英语文化教学是实现素质教育的一个重要工具,也可以说是一个主要渠道。这是因为,英语教学除了知识传授外,还有文化素质与文化思维的培养,这与跨文化教学的要求有异曲同工之妙。

因此,在高校英语文化教学中,教师必须将语言与文化的关系处理好,引入西方国家文化,汲取其中的有益成分,发扬我国的文化。具体来说,可以从如下几点着眼。

1. 有利于培养学生的文化感知力

注重跨文化交际研究,且教师在英语教学中有意识地向学生传授一些文化背景知识,可以使学生更全面地了解西方国家的实际情况,进而能在适当的场合使用准确的语言表达自己的观点。此外,教师不断地向学生介绍一些英语文化背景知识和文化传统,可以让学生明白不同的文化、不同的语言具有不同的表达习惯和方式,可以提高学生对不同文化的感知力,增强跨文化意识和能力。

2. 有利于培养学生对文化的敏感性

对高校英语文化教学的任务而言,除了要进行英语基本知识和技能的传授,还必须培养并增强学生对中英文化差异的敏感性。对于这项能力,学生可以在课堂上借助教师对中西方文化差异的讲解和跨文化交际的研究而达到这一目的。如果在英语课堂组织的对话活动中,教师仅关注学生在语音、词汇和语法上的准确性,却忽视文化的差异性,就不利于学生语言运用能力的增强,无法准确灵活地使用语言。例如:

A:You look so pretty today.(你看上去真漂亮。)

B:No.I don't think so.(不。我不觉得。)

对于这组对话,其语音、语法、词汇均没问题,但是如果考虑到中西方不同的文化习惯,这种回答对英美人来说是难以理解的,因为这不符合英语社会的文化性常规。假如教师在英语教学中以此为切入点,比较中西方的文化差异,学生就能在潜移默化中提高对文化差异的敏感性,进而在今后的英语交际中也能特别注意。

(五)解决"中国文化失语"问题的有效路径

为满足国家"开放"和"引进"战略对外语人才的需求,各层次外语教育过度倚重语言的工具性学习。长期以来,社会上已经形成了过分重视分数高低、忽略对学生德育培养的倾向,忽略人文教育。高校英语教学内容中人文性教育内容较少,导致了英语教学中的人文教育失去了内容支撑;并且外语教学仅围绕英语能力所代表的西方文化的学习,中国文化相关内容长期处于被忽视状态。在应试教育目标的指挥棒下,教师的中国文化意识薄弱,将培养学生的英语应用能力看作唯一目标。另外，从人才培养的角度来看，我国师范类高校英语专业学生缺乏中华文化的学习，对中国传统文化缺乏系统的了解，这直接造成了英语教师的中国文化修养的缺乏以及中国文化教学能力的低下。培养出色的国际化外语人才的前提，是教师首先要具备足够的中国文化素养。

二、高校英语文化教学的策略

有理念，就有方法论。方法形成之后，也不是恒定的，会随着理念的变化而变化。既然高校英语文化教学的理念在广泛传播，那么它的实施方法就需要被探讨。概括而言，高校英语文化教学的实施方法主要有以下几种。

（一）教师传授策略

1. 比较分析策略

有比较，就有结果。只有在比较中，事物的特性才会表现得更加明显。经过了不同的历史轨迹，中国和西方国家在长时间的历史积淀中形成了不同的文化。因此，在高校英语文化教学中，教师可以通过母语文化和英语文化的明显比较，来让学生更加深刻地认识母语文化和英语文化。在跨文化交际中，学生也因此就提高了文化敏感性，会更加重视文化对于交际的影响，从而减少甚至避免文化差异引起的交际冲突。打个简单的比方，问别人的行程和年龄在中国是很正常的，但是在西方人眼里是对隐私的侵犯。

2. 文化讨论策略

文化讨论是教师进行高校英语文化教学的重要策略，首先这一策略充分尊重了学生的主体地位，其次学生在讨论过程中可以学习关于文化的各种知识，最后讨论策略有助于提高学生对文化学习的积极性和主动性。因此，教师在高校英语文化教学中，可以灵活采用文化讨论法进行教学。具体来说，教师以班级为单位，组织学生就某个专题开展面对面的讨论，并在讨论过程中解决实际问题或解答特定课题。教师可以提前布置一定的任务，让学生进行有针对性的讨论。

3. 与其他技能教学相结合策略

英语教学离不开文化因素，文化必然是贯穿在语言知识和技能教学之中的。因此，教师可以将文化教学与其他技能教学有机结合，通过讲解相关背景知识进行高校英语文化教学。简单来说，就是教师在讲解语言知识时，适时插入对于相关文化背景知识的讲解，使学生在学习语言知识的同时，了解并掌握文化知识。

这里主要以听说教学和阅读教学为例进行说明。

（1）与听说教学相结合

在听说教学中，教师可根据单元的主题，适当插入文化讲解。教师可以让学生先进行对话表演，从中能够听出他们已经了解了哪些文化知识，还有哪些部分需要介绍，然后再进行有针对性的练习，加深学生的印象。例如，每个国家都有着丰富的节日文化，教师可以提前给学生布置任务，要求他们在上课前仔细查阅某种或某些节日的相关信息，如来历、习俗等，然后在课上与同学进行分享，最后由教师进行总结并讲解。

（2）与阅读教学相结合

很多学生在阅读过程中会发现，对文章大意不难理解，不过一旦涉及文化方面的内容，如果不了解相关背景知识，就会感觉不知所云。基于此，教师除了要讲授英语基本知识，还应该引导学生学习与课文相关的背景知识。

在阅读教学中，教师要尤其注意文学经典作品的重要作用，特别是英美文学的作用。英美文学在世界文学史上占有重要的地位，教师要充分借助英美文学的作用，丰富教学内容，让学生领略英美文学作品的魅力。英美文学作品重在赏析，在阅读教学中，教师首先要对作品进行分析，特别是对于精读部分的关键词和关键句要进行重点讲解。在此基础上，教师可以对相关背景知识，如历史、社会、作家、人物角色等进行讲解，帮助学生更好地进行理解和阅读。

（二）外教引导策略

客观条件优越的学校可以适当地聘请一些外籍教师授课。外教的到来对高校英语文化教学具有以下两大作用。

1. 外教对于学生的影响

外教不仅可以提升学生的英语学习兴趣，还能真正促进学生跨文化交际能力的提高。外教作为异域文化中的成员，比较能够引起一批学生的好奇心，这些学生在与外教接触和交流的过程中增强了对英语口语表达的信心，还能收获课堂上学不到的社会文化背景知识，能真正提高英语文化敏感度和英语交际能力。另外，学校可以定期利用外教组织英语角，这样就为学生创造了纯正地道的英语环境和文化环境，有利于英语听力和口语能力的提高，从而使得跨文化交际能力也有一定的进步。

2.外教对于教师的影响

在中国的大环境下，很多中国英语老师虽然出身于英语专业，集各种英语等级考试证书于一身，但是由于口语的练习机会很少，英语口语表达能力依然比较欠缺。而外教来到学校以后，这些中国英语教师因为教学工作的关系，就获得了许多与外教直接交流的机会，外教可以帮助他们纠正语音上的错误，就使得中国老师锻炼了英语口语表达能力。另外，外教是在另外一种不同的文化氛围中成长和学习的，其教学模式可能更加有趣、生动，中国的英语老师就可以汲取他们的教学模式中的优势，也有利于提高教学水平。

当中国教师的跨文化交际能力和英语教学水平提升以后，直接的受益者就是学生。中国教师的跨文化交际能力提升了，就能在和学生的交际中更有效地提升学生的跨文化交际能力。中国教师的英语教学水平提升了，在实施高校英语文化教学中就能取得更好的效果。

如果外教的学校教学工作让他们获得了良好的感受，外教往往会把国外的教育行业的朋友或者机构等介绍给学校，这样学校就可以通过夏令营、冬令营的形式和国外的教育行业进行互访、学习和交流，从而提高学生的跨文化交际能力。

（三）媒体辅助策略

当前时代的信息技术如此发达，学生对于各种媒体唾手可得，如互联网、广播和报刊等。学生借助这些媒体，可以观看许多国外的电影、电视剧以及欣赏英语歌曲等，这就为学生学习文化知识提供了极大的便利。

艺术来源生活，而高于生活。影视剧的创作也是基于导演对现实生活的思考，反映了本民族的社会文化。因此，学生在观看、欣赏和思考影视资料的过程中，尤其是那些以社会变迁和发展为主题的纪录电影，就能增长文化知识，对国外的生活方式、风俗人情有着更多的认识。观看影视剧，也是让人放松心情的一种手段，不会遭到学生的排斥，通过画面的视觉冲击，学生能够获得更直观、更深刻的印象。这样，学生在放松的同时，学习了外国文化知识，一举两得。

教师利用耳熟能详的歌曲进行高校英语文化教学，不仅可以增加学生的兴趣，集中学生的注意力，而且创造了轻松愉悦的教学氛围，在这种情况下，高校英语文化教学的效果就会更好。

（四）师生互动策略

教师要努力尝试通过和学生的互动来实施高校英语文化教学。教学的本质决定了教学不应该是单向行为，而是双向行为。因此，高校英语文化教学应该真正回归到教学的本质上来。互动法的完美落实，需要教师做好一些功课。首先，教师要培养学生正确的文化心态，使学生平等看待一切文化。其次，教师要营造平等、自由和开放的互动氛围，鼓励倾听和表达，使得学生尽情发挥，畅所欲言。在互动过程中，教师和学生扮演不同文化中的角色，使学生理解外来文化。

（五）附加形式策略

以附加形式实施高校英语文化教学，就相当于一碟开胃菜，形式可以多样化。例如，在教材中设立文化专栏，在课外组织参观文化展览，举办英语文化主题讲座，或组织文化表演等。教师也可以将优秀的但是传播度不高的英语书籍介绍给学生，并以书中的文化知识为主题开展讨论、戏剧表演、知识竞赛等活动。这些活动都需要在教师的指导和监督下进行，以便活动真正实现高校英语文化教学的目的。

第四章
跨文化的语言交际与非语言交际

第一节 跨文化的语言交际

跨文化交际不仅可以使语言使用者更好地认识、理解和包容本民族文化，还能更好地认识、理解和包容他民族文化。同时，在整个跨文化交际中，语言使用者会将自己的态度、观点、想法等主观因素寓于言语及非言语中，即跨文化交际与语言主观性相辅相成，密不可分。

不同文化背景的语言使用者会使用相同的语言进行交流和互动。

一、语言与文化的关系

语言是文化的一个强力的载体，又是对文化的真实写照。人类文化能够长久不息地发展和传承，依赖于语言的产生和发展。

文化能够影响到语言词汇的发展方向与使用条件，具体影响在语言的语法、讲话规则、篇章结构、文体风格等多个方面。人们在交际过程中，尤其是在跨文化的交际中，不断意识到如果只掌握了一种语言所具有的语音、语法和词汇等知识，而对其深层的文化意义不了解，交际的过程是不可能顺利进行的。

语言与文化有着密切的关系。由于语言的产生和发展，人类文化才得以产生和传承。不存在没有语言的文化，也不存在没有文化的语言。广义的文化包括语言，同时文化又无时无刻不在影响语言，使语言为了适应文化发展变化的需要而变得更加精确和缜密。

语言既是文化的载体，又是文化的写照。例如，骆驼在阿拉伯人民的生活中曾经起过十分重要的作用，因此，阿拉伯语中目前还保留着几十个与骆驼有关的词。

我国云南、两广（指广东省、广西壮族自治区）有许多地名中有"峒"（或垌、洞）字。"峒"在壮语中是"田场"的意思，即同一水源的一个小灌溉区。在同一灌溉区从事稻作的人同住在一个峒里，形成一个单独的居民点，相当于汉语的"村"。"峒"字地名众多说明这些省份自古以来稻作文化发达。

亲属称谓是语言反映文化的一个突出例证。例如，在英语中的 brother 是"兄"或"弟"，sister 是"姐"或"妹"，汉语中没有一个字与 brother 或 sister 完全相等。在我们的文化中严格区分"兄"与"弟"和"姐"与"妹"，因为"长幼有序"。英语中 uncle 一词相当于汉语中的"伯父、叔父、舅父、姨父、姑父"，aunt 相当于汉语中的"伯母、婶母、舅母、姨母、姑母"。这反映了汉语文化不仅注重长幼顺序，而且对于是父系、母系或姻系亦十分重视。

以上仅仅是从亲属称谓的使用方面观察文化对于语言使用的影响。实际上，文化对于语言的影响表现在许多方面，诸如人口、地名、商号名的选择，口才及语讳，成语及谚语等。专门研究语言与文化关联的一门学科是文化语言学，在西方大致属于人类语言学和社会语言学的范畴。

文化不仅影响词汇的发展与使用，在语法、讲话规则、篇章结构、问题风格等许多方面，文化都施予很大的影响。越来越多的人认识到只掌握语言的语音、语法和词汇，不了解深层的文化意义，不可能进行顺畅的交际。

二、语言行为与跨文化交际

在跨文化的交流过程中，我们除了需要注意词所具有的概念意义，更重要的是需要随时随地关注其隐含的意义。在不同语言中，其意义可能出现下列几种情况（两种语言分别以 A、B 代替）：

第一种情况：A、B 概念意义相同，内涵意义相同或相似。在中英语言体系中，这情况的词汇数量是相对较少的，比如，fox 与"狐狸"在中英文中其概念意义相同，内涵意义也都包括了"狡猾"的意思。

第二种情况：A、B两种语言其所具有的词汇概念意义相同，但其具体的内涵意义不同。例如，红（red），在中国历史上大多数的朝代对于红色都是十分推崇的，古代的中国人喜欢用红色来表达幸福、喜庆、吉祥、欢乐等情感。结婚被人们称作为红喜事，结婚的礼服是以红色作为主色调。这种文化到汉语的应用上时，包含"红"的一些词通常都蕴含着兴旺、发达、顺利等意义，比如，"红红火火"便是指旺盛或者经济优裕的生活条件。在英语中"red"则没有汉语的"红"具有的文化内涵，在英语的词汇中仅有"red carpet treatment"一词中表示对尊贵的客人给予隆重的欢迎，"red"有着比较正面的意思。更多的是如"red flag"并不是指红旗，而是代表着人们提高警惕用以预防出事，"in the red"是指经济出现赤字。

第三种情况：A语言的词汇具有内涵意义，而B语言中的词汇则没有类似的内涵。比如在汉语中，由于松柏具有四季常青，且其树龄可达千年的特点，有着长寿的象征意义。而在英语的文化中，与松、柏等相对应的单词是pine、cypress，并没有中国文化中所具有的长寿象征的内涵意义。

因此，人们在跨文化交际时，需要掌握双方文化中的语言知识，才能够保证交际的顺利进行。人们在使用语言时采取了一套语用规则，即讲话的规则，其内容包含了如何称呼对方、如何提出要求、如何接受或拒绝对方的要求、如何告别等。

和语言的使用规则相比，语用的规则是比较难以掌握的。其中的原因首先是因为语音、语法、词汇的各种语言规则已经被人们整理归纳了，我们可以通过各种语音书、语法书以及字典等工具进行学习和查询。而语用规则却还没有被人们总结归纳成为一种权威性的存在。另外，人们在使用语言规则时往往都会根据其语言系统自觉地运用，而在使用语用规则时，多数情况下人们都没有一种自觉性。

语用规则的难以掌握在不同文化中对于称谓的不同中便可以体现出来。在英语体系中其社交称谓没有汉语中的繁多和变化大，其中，采用汉语体系中的语用规则来称呼英语体系中的人时，也有些称谓在英美人看来是不能接受甚至会反感的。比如，很多中国的学生直接用姓来称呼教师，一位女教师全名是

Marcia Vale，其学生一般呼她为 Dr.Marcia 或 Dr.Vale，但有的中国学生便采用中国文化中对于别人直呼其姓来表示亲密的特点，称呼女教师为 Vale，但在这位教师看来，这是一种非常不礼貌的行为。因为在英语体系汇总中，对人称谓也同样存在多种方式，但是却没有直接称呼人姓的方式。

在美国的许多其他国家的留学生常常认为美国人讲话是不靠谱的，比如当其说出了要邀请吃饭的话，但很久之后都没有兑现。这主要是语用规则的不同而形成的误解，美国人说："We must get together soon"（我们一定得聚聚）往往代表的只是一种客套的话语，如果当真便会造成误解。因为在英语语用规则中，如果想要正式邀请人吃饭，其说的内容包括了时间、地点等诸多具体的信息，例如，"Come over for dinner next Friday night"（下星期五晚上过来吃晚饭）便是明确的邀请。

上述的这些例子都充分说明了语用规则在跨文化交际过程中对于思想的正确交流有着举足轻重的地位。

人们在进行跨文化交际的过程中，其交际的风格也会对交流的过程造成影响。比如，在西方人看来，许多中国人处于一种"摸不透"的状态，这里不是指由于不理解句子的意思而不明白，而是指对于中国人的交际风格不习惯。我国的语言学家赵元任认为，在汉语中讲话是属于一种"主题—述题"的结构。具体是指，在表达一个意见时，中国人往往喜欢在主题部分列举出人、事物或观念，而在述题部分进行评述。在英语体系中也有采用主题—述题的结构，但在英语文化中人们更喜欢采用主语—谓语的结构。著名的华裔美国学者杨威玲做了一项试验，试验内容是：让五位北京教授用英语和中国香港的商人进行预算讨论，他们在交流的过程中没有任何交流困难，而将交流过程的录音放给英美人听时，英美人便觉得其内容难以理解，这不是说他们理解不了句子意思，而是不能理解中国人在讨论事物时喜欢先摆材料，最后进行总结的交际风格。

（一）打招呼用语

中西方不同的思维习惯使得人们在打招呼时所采用的言语不同。在日常交流打招呼时，中国人通常会使用"吃了吗？""去哪儿？""忙什么呢？""回来了？"等方式，其问话具体，打招呼的种类繁多，形式也十分灵活，并不会局限在某一种格式当中,其招呼的具体内容主要是根据见面时的时间、地点等具体情况来进行。这在中国人看来是一种能够体现人与人之间亲切感的表现。但这些方式对于西方人而言,却会令对方感到突然、尴尬,甚至出现不快的心情,这主要是西方社会十分在意个人隐私,他们会将这种打招呼理解成为一种对其隐私的"盘问",从而感到不快。在西方的国家中,他们问候方式通常只是一声"Hello",更进一步也仅仅是按时间进行划分,问候"早上好!""下午好!""晚上好!"便可以了。除了简单的问候外,西方人在打招呼时通常还会讨论天气或者是不涉及隐私地询问近况,比如"今天天气不错呵!""最近好吗?"而在其初次见面通常会说"认识你很高兴"之类的客套话。

实际上,随着时代的不断发展,在中国文化中的那些问候语,也基本上脱离了产生初期时那种对人表示关心以及讲究具体使用情况的特点而成了一种单纯的打招呼的方式。人们见面时说出这些问候语,也并不要求对方会做出明确回答,即使答非所问也不会过多在意,因为这已经实现了见面时打招呼问候表示友好和礼貌的目的。但这些问候语在西方国家的人们来说,往往会产生误会。比如把"吃了吗"误认为要请他吃饭,另外对于那些明知故问式的问候语"回来了""上班去""正忙着"等也觉得是一种多此一举的话。这是因为西方国家的人们对于汉语问候语中的虚义和实义没有弄明白。

另外,在人们打招呼时通常会相互寒暄几句,比如迎接远道而来的友人时,中国人往往会说"旅途劳顿,一路辛苦了",而这在西方人的习惯看来,是不能理解的,他们往往会直接说"You have a good trip"。这也说明了中西方在某些场合下的问候语的功能及使用方面是相同或相似的,但由于文化的差异其侧重点也会存在差异。

(二)恭维语用语

恭维语是人们在日常交际中用于赞美别人的一种常用的礼貌行为,它往往与应答以"临近配对"的形式共同出现。恭维语能够向人们传递具有评价意义的信息,同时包含了欣赏、羡慕、敬佩或鼓励等情感,营造出人与人之间融洽和谐的交际氛围，因此，恭维语又被人们称为"社会润滑剂"。[①]

在国内外的诸多语言学家都对英汉语系中的恭维语的定义、功能、话题、语言形式、应答策略、性别语用等方面的差异做出了详细的研究分析。恭维语作为语言体系中的一部分，与其他言语行为一样，都是人们社会生活中的文化载体。汉英文化中的恭维语的差异主要体现在对于恭维的内容或话题、目的以及应对方略等方面。

恭维语的内容或话题的深意主要涉及的内容包括了两个方面：其一是"外貌"和"所有物"，其二是"成就"和"能力"。在西方的文化中，人们对于"变化"和"差异"是十分在意的，因此，当生活中出现某种变化、某种新意时都会受到恭维或者对别人恭维，比如女性的外表，尤其是衣着、服饰及发型或出色的工作、技艺、超群的球技及一顿美味佳肴等生活中或小或大的事情。而在中国传统文化所追求的是一种"相同性"，因此对于"变化"和"差异"而产生的恭维的程度比西方人要少很多。

在社会交往中，人们使用恭维语往往也会存在各种各样的目的。美国学者赫伯特（Herbert）和沃尔夫森（Wolfson）等人的研究分析指出，在英语文化中恭维语所具备的诸多功能中，主要的功能是促进交际双方之间的"一致性"。[②] 大多数情况下，西方国家的人们使用恭维语的目的是达到"一致性"，这在女性身上更是得到了充分的体现。几乎所有对恭维语进行研究的学者都对于恭维语是女性用来"加强和巩固"与别人的"一致性"或"平等性"关系的情感语言的结论都是认同的。在中国的文化中，恭维语目的主要表现在三个方面，分别是增强对方的感觉、欣赏和利用他人。前两种功能与英语文化中的功能是一致的，这也是中国文化追求和谐发展的必然结果，而第三个功能"利用他人"则是由于中国文化中集体主义所产生的独特功能。比如下属为了取得上级的好感，往往会对上级的"能力和成绩"进行恭维。

---

① Holmes, Janet.paying compliments: a Sex 2 Preferential Positive Politeness Strategy[J].Journal of Pragmatics, 1988（3）: 2.

② 贾玉新. 跨文化交际学 [M]. 上海：上海外语教育出版社, 1997: 371.

在应对策略方面，汉英语言体系中都遵循了两个总的原则，即同意对方意见和避免自我吹嘘，由于文化的差异，其侧重点也有所不同。总的来说，中国文化的核心儒家思想强调的主题是仁义，十分注重礼仪，并且讲究群体之间的协调；中国文化十分注重人本身的自我修养，并且对于谦虚的美德十分推崇。因此，中国人往往采取一种谦虚的态度，在人与人交往时注重礼仪，并且讲究"长幼有序，尊卑有别"，尊重师长和长辈。在这种文化背景下，当人们得到别人恭维时，除了欣然接受外，人们对于恭维应对方略通常会遵守谦逊和慷慨的准则，会对别人的恭维采取非赞同、含蓄接受等方式。其中，非赞同方式包括了对恭维的否定、谦虚和转移话题等方面的方式，比如"不行，不行。我觉得一点也不好""哪里，哪里，不敢当，惭愧""你还有事吗"等言语；而含蓄接受方式则包括了回敬、降低称赞、转移称赞等内容，比如"你的也不错啊""一般般了，马马虎虎""我的进步与老师的辛勤培养是分不开的"等言语。在西方英语文化中，追求以个人为本位，其应对策略在总体上会遵循合作和礼貌原则中的一致性原则以及得体原则，并采用接受的方式来应答别人的恭维，其内容主要包括了赏识领情、评论接受、回赠恭维以及缓和应答等诸多方面。在西方人眼中，不尊重事实的谦虚便是一种虚伪的表现。简单来说，中西方的义化在应对恭维方面都会遵从礼貌原则，但中国人更多的是一种"卑己"的态度，而西方人则是"尊人"的态度。

（三）告别用语

通常人们在进行交际时，不会不发出任何信号就突然分手或匆匆离去。离开前总会用一定的告别语，来表明自己要离开。中国人分手时常说"再见"，相当于英语中的"Good-bye""Bye bye"。但是在说"Good bye""Bye bye"或"再见"之前，还要说些客套话。由于中西方社会文化习俗不尽相同，告别用语也各具特色。

在中国的告别礼仪中，人们往往把道别的原因归于对方。例如，中国人到别人家里做客，告别时多半会以"我得走了，你一定很累了。"（"I'd better be going now. You must be very tired."）或"你明天还得早起，我该走了。"（"You will have to get up very early tomorrow. I should go now."）等方式向主人告别。然而，如果一个美国人去另一个美国人家里做客,他多半找出与自己有关的理由道别,而不涉及主人一方,比如:"Well, I'd better let you have some sleep."("好了,我得让你休息了。")"Tomorrow, I have to get up early.I must go now."("明天我还得早起,我该走了。")另外,也可以用"We have to say goodbye now. We enjoyed the evening very much.Thanks."("我们得说再见了。我们今天晚上过得很愉快。多谢。")或"I think I'd better be leaving now.It's very nice to have a talk with you."("我想我得离开了。和你聊天非常愉快。")等略表示感谢的告别语。英美人认为这样说,更显得体。

按照中国人的习惯,如有客人来访,当客人离开时,主人要把客人送到家门口。客人会对主人说:"请留步""不要远送了",主人会说:"走好""慢走"之类的客套话。这些说法都无法直接译成英语。如果用"Stay here.""Don't come any further with me, please."等向英美人道别,他们会觉得十分尴尬。因为他们根本就没有要送你太远的意思。除非你邀请,否则别想他们会送你很远。这并不是西方人不友好,而只是他们没有这样的习惯。

(四) 拒绝用语

拒绝用语就是一种否定他人的意愿或行为的一种语言行为。在日常的交际中,学会如何正确地向他人表达"拒绝"是非常重要的。这是由于采取不同的拒绝方式便会产生不同的结果。为了方便研究和讨论,我们将拒绝用语行为中的双方定义为语境提供者和拒绝者。对于拒绝用语行为,我们需要和否定用语行为以及不同意、反对用语行为进行区分,拒绝用语行为指的是听话者针对语境提供者进行的一种不接受、不答应、不执行的行为。

通过对各个文化中的拒绝用语进行分析研究和总结,学者们对拒绝用语按照一定的标准进行了分类:按照客观的标准,拒绝用语行为可以分为直接拒绝和间接拒绝;按照两个不同的主观标准,拒绝用语行为可以分为强威胁面子行为和弱威胁面子行为、诚意拒绝和虚假拒绝。

1.直接拒绝和间接拒绝

根据说话者所说的拒绝用语的形式,可以将拒绝用语行为分为直接拒绝和间接拒绝。

直接拒绝，通常是指拒绝者直接地对语境提供者的提供、请求、称呼、建议、命令、称赞、恭维、感谢、道歉等方面的言语和行为，明确地表达出一种"不接受""不答应"的意思，语言的形式上往往采用的是否定的形式，通过对自己的能力及意愿进行否定，来表达出自己不需要的想法等。

间接拒绝，拒绝者所说的拒绝话语其结构上通常不是否定的形式，在话语的表面上并没有体现出拒绝言语的意思，但通过联系实际对这些话语进行分析便可以从中寻找到拒绝者的拒绝意图。

美国语言哲学家格赖斯（Grice）对于交际者的交际行为提出了合作原则，具体的内容主要包括了"量的准则""质的准则""关联准则""方式准则"四个方面。但是交际者在交际过程中也有可能会出现违反这个合作原则的现象，格赖斯对于这些现象进行了概括，总结出了四种情况，其中一种情况便是：交际者在交际过程中故意地违反其中某一条准则，并且让听话者也能明显地体会到这一点，即所谓的交际者藐视某一条准则。交际者采用故意的方式来违反交际时需要遵守的某一条准则，其目的就是想要表达出其他意思，暗含其他的意思，即会话含义。而间接拒绝者，通常便是采取有意违反合作原则的方式，来向语境提供者表达自己想要表达的拒绝的会话含义。

2. 强威胁面子行为和弱威胁面子行为

拒绝者进行的拒绝言语行为，在其本质上是一种对于别人而言威胁面子的行为，是一种不礼貌的行为。因此，拒绝者在拒绝语境提供者时，为了其面子考虑，其说话的语气、态度会有所不同。按照拒绝言语带来的威胁面子的程度，将拒绝行为分为了强威胁面子行为和弱威胁面子行为，这是从被拒绝者的角度出发来对拒绝行为进行分析、解释的，使我们能够更加深刻地了解到拒绝言语行为。

人们在进行社会交际时，必须要能够承认和意识到"面子"（face）所具有的作用，所谓"面子"，是指听话人的公众形象或者自我感知。[①] 在人们的交际过程中，许多言语行为都是一种威胁语境提供者面子的行为，其中拒绝言

---

① 刘森林. 语用策略 [M]. 北京：社会科学文献出版社，2007：133.

语行为便是其中的典例。语言学家利奇提出的"礼貌"原则为交际者之间提供了更加和谐、礼貌的话语交际环境,为交谈相关方降低威胁面子的程度提供了有力的语用策略和理论指导。

拒绝言语行为对于面子的威胁程度或者不礼貌的程度,其区分的手段并不是可以简单地通过直接或者间接拒绝手段就能成功的,其中的内容包括诸多方面,如社会权势、社会距离、拒绝方式、策略的采用等,而最基本、最核心的一点和利益有着密切关系。比如,"给予、提供、称赞"等这些言语行为,其中的"惠"是属于拒绝者的,而"损"则是归于语境提供者,因此,当拒绝者提出拒绝行为时,对于语境提供者而言是一种弱威胁面子的行为;而对于"请求、命令"等言语行为,"惠"通常都是归于语境提供者,因此,对这些言语行为进行拒绝就是一种强威胁面子行为。

对于强、弱威胁面子行为进行划分并没有一个绝对的界限,其中拒绝者所采用的拒绝方式、拒绝策略等也有可能会改变威胁面子的强弱程度。比如,直接拒绝+理由策略这个方式便是一种十分典型的能够削弱语境提供者威胁面子程度的方法,对于这个方法所采取的理由不同又可以将其分为以下两种情况。

一是直接拒绝+客观理由。客观理由便是指客观存在的事实,包括时间空间受限、法律法规不允许等方面。

二是直接拒绝+主观理由。主观理由便是拒绝者看待事物的主观态度,包括了个人的想法、意愿以及判断等方面。

3.诚意拒绝和虚假拒绝

诚意拒绝,通常是指拒绝者是真心拒绝他人的请求、提供等,这种拒绝方式既可能是一种强威胁面子行为,也可能是一种弱威胁面子行为;而虚假拒绝,是在中国文化中的一种十分特殊的交际方式。中国的文化中一直流传着谦逊的思想,因此,在中国人看来,在受惠于他人时,或者得到他人的称赞,直接地接受是一种不礼貌的表现,因此通常会在表面上要对他人进行拒绝。虚假拒绝通常是在对语境提供者进行恭维、称赞、给予、邀请等行为时,拒绝者所表现出的一种语用行为,这也属于弱威胁面子的行为。

如何分辨拒绝者的拒绝行为是诚意拒绝还是虚假拒绝,我们可以从以下四个方面来进行。

第一，语境提供者和拒绝者之间的具体的社会关系。如果语境提供者和拒绝者之间是一种亲密的关系，那么往往使用的是诚意拒绝而不是客套的虚假拒绝。如果语境提供者和拒绝者之间关系一般，虚假拒绝和诚意拒绝都是存在可能的。

第二，从语用环境来看，人们面对称赞、恭维等语境时，为了表示不让人觉得自大，往往都是虚假拒绝。

第三，在诸如给予、邀请、提供等语境中时，分辨是诚意拒绝还是虚假拒绝，还需要根据后续的对话来做进一步的确认。

第四，拒绝的坚决程度。当拒绝者的拒绝程度非常坚决，通常属于诚意拒绝；反之，通常则是虚假拒绝。

第二节　跨文化的非语言交际

一、非语言交际类型

（一）体态语分析

体态语又称肢体语言，是指传达交际信息的表达和动作。根据法斯特的说法，肢体语言是一种通过全身或身体某一部分来与外界交流的反射性或非反射性动作。我们也可以把它理解为除了客观语言，身体的任何部位都可以表达各种情感内容。在一种文化中不产生任何意义的非语言行为可能在另一种文化中表达具体和实际的意义，成为非语言交际。这是因为所有的肢体语言都有其文化特征。由于人体可以做出多种姿势和动作来表达各种意义和各种情绪，因此对它们的分类非常复杂。

1. 面部表情

人们脸上可以做出很多丰富的表情，根据研究，大约可以做出25万种表情。其中，有的表情只需要借助脸上一个器官，但是有的表情必须被多个器官共同激活；有的表情在脸上稍纵即逝，有的则会停留一段时间；有的表情只表达一种意思，有的则是多种感情"混"在一起。因为面部表情在交流中起着非常重要的作用，所以在交流中我们可以从面部表情中看到一个人的心理、情感、性格和思想等。

（1）眉毛。眉毛能传达丰富的信息。双眉向上，可以表示喜悦或惊讶；单眉向上，表示不理解或怀疑，甚至带着调侃意味。在日常交流过程中，西方人频繁地用眉毛来传递信息。他们经常用耸肩和扬眉来表达问题或"什么都没有，无所谓"等。而在中国，利用眉毛传递信息被认为是不尊重别人，这也反映了中国人的含蓄和内向。

（2）嘴部。人的嘴部动作非常丰富，在一定程度上反映了人的性格和心理态度。与人交谈时，用上牙咬下唇，或用下牙咬上唇，紧闭双唇，这意味着这个人在专心听对方的演讲。紧闭双唇，给人以严肃的感觉，他可能在心里仔细分析对方的话，也可能在认真反省自己。有时在交流过程中某人会突然用手捂住嘴、伸舌头，那代表他可能说错了什么，以此来掩饰自己的错误。同时，嘴角下垂可能表示悲伤或遗憾。

然而，在不同的文化背景下，面部肌肉的表达也被嘴巴激活，同一嘴部动作由于使用频率和环境的不同，表达内容也不同。以微笑为例，微笑通常表达友谊、赞许、满足、幸福等内心情感，这在全世界都是一样的。但在法国，人们是不随便笑的；在美国，对陌生人微笑并不表示敌意；在俄罗斯，人们认为在公共场合对陌生人微笑是一种不正常甚至可疑的行为；在日本，在丈夫去世时一般可以微笑着掩饰内心的痛苦；而在中国，人们喜欢隐藏自己的内心感受，因此往往用微笑来隐藏内心的紧张。

（3）下巴。虽然下巴的动作极其微妙，但在交流过程中也会影响彼此的印象。例如，人们生气时，在西方国家，往往会把下巴抬高或拉到最前面，想把愤怒抛向对方，这可以看作是一种咄咄逼人或者挑衅的表现。由于不同的文化背景，这种情况在中国却恰恰相反，与西方人表现侵略性的欲望相比，中国人往往深藏不露，攻其不备，因此大多数人都会缩下巴，以此来表现谦虚的感觉。

2. 眼神

眼神运动主要是指眼球运动的方向、持续时间、瞳孔变化和眼周肌肉的变化。人们常说眼睛是心灵的窗口，眼睛作为人的重要器官之一，在表达和传递信息内容中起着不可替代的作用。

在不同的情况下，眼睛能反映出不同的心理状态。例如，当一个人的眼神闪烁时，他很可能在犹豫或者紧张；当他用眼睛瞟一眼别人时，他可能在表达厌恶；当他睁大眼睛瞪着别人时，他可能在表达他的愤怒或者是惊讶；当他斜视别人时，他可能在表达他的蔑视；当他的眼神闪烁光芒时，他可能是对某一件事表现出兴趣；当他在谈话中不时闭上眼睛时，体现出了这个人的自恋或傲慢。

在跨文化交际中，我们可以先利用眼球运动和眼神接触的共同特点来判断对方传递的潜在信息。眼睛是心灵的窗口，因此在传递信息时，眼神更具世界性。我们也可以利用眼睛的动作和眼神交流来帮助判断内部其他非语言交流所传递的信息。对于眼神交流的差异，我们可以选择适度原则，在交谈中遵循合作原则和礼貌原则，以便达到减少冲突的目的。

3. 头部姿势

在不同的场合，由于人们的情绪和态度不同，头部姿势也有明显的差异，这种姿势的转变随着情绪和态度的变化而变化。

从头部的姿势就可以看出一个人对他人和社会的态度。头部姿势可以概括为四种：一是直立着的头，二是斜偏着的头，三是下垂着的头，四是双手放后脑勺抱着的头。直立着的头部姿势意味着"不偏不倚"。在中国古代哲学中"不偏不倚"体现的是一种中立的态度，而这种头部姿势也有相同的意味。倾斜的头部位置表示对某事的兴趣，包括人与人之间的吸引力。例如，当有人和你说话时，你只需要在不说话的时候歪着头点头，这样会让对方感到你对他的话题很感兴趣。下垂着的头部姿势意味着否定或批评，通常伴随着严厉的话语和面部表情。双手抱头的姿势通常被认为是成功人士的招牌动作。不管是在中国还是西方国家，有自信和优越感的人，经常使用这种姿势，如会计师、律师和企业经理。

4. 手势

手势在人类的非言语交际中起着重要的作用，是一种非常重要的身体语言。由于手（包括手臂）灵活可以做很多动作，使得手语也非常生动且易于表达。因此，不同的民族和文化也可以通过手语进行交流。

手作为传达情感的有效工具之一，可以表达很多富有内涵、表现心理的意思。以下是一些常见的手势。

（1）十指交叉。交叉手指也是一种无声的信号。当一个人的手指被交叉时，经常伴随着其他的动作，比如互相搓拇指或者手指相互打个小圆圈，这个手势就表明这个人正在思考还没有做出决定；当一个人的手指紧紧地缠绕在一起时，就体现出一种焦虑和沮丧的心理信号。例如，一个人失去一个爱人、错过一个好机会、失去很多钱或者极度焦虑时，这种手势常常被使用来掩饰自己抑郁、紧张、焦虑的情绪。

（2）搓手。我们注意到，当人们在参加感兴趣的活动之前，往往会不自觉地搓手，表现出"渴望尝试"的样子，表达出一种期待的情绪；当一个人对成功和期望有一定的信心时，或是无助但又期待见效快时，往往会搓着手；玩游戏掷骰子前搓手，这个动作最能体现出期待好运的状态；当一个孩子看到妈妈满载而归时，他满怀期待地搓着双手，这是对于礼物的期待之情。

（3）相握背手。相握背手是指双手在身体后面的握手，这种握手会使胸部突出，自然产生权威、严肃的感觉。这种姿态常用于人们紧张不安的时候，以缓解紧张，起到"镇定"的作用。例如，被要求在讲台前背诵课文的学生常常背手来"壮胆"，等等。

（4）"塔尖式"手势。"塔尖式"手势是双手指尖合上形成尖顶。这种姿态有时是一种傲慢的行为，对自信的人来说很常见。不管怎样，做手势的人对他们说的话是肯定的。"塔尖式"手势有两种形式：一种是尖顶向上，另一种是尖顶向下。越多自信的人，"塔尖"越高。这一手势也是上下级之间非常常见的姿态。一些领导在做报告时，常常把胳膊放在桌子上，手不由得形成尖顶形状来表示地位。另外，尖塔位置也可以作为反击对方的有力武器，因为这个位置可以给进攻者一个自信的心理暗示，在一定程度上可以打击对方的自信心。

值得注意的是，来自不同民族和文化的人有不同的手势。因此，虽然手势扮演着如此重要的角色，但我们应该注意不要过多使用它们。

5. 腿部姿势

在街上、舞会、接待厅、家里、聚会等场合，人们经常做出各种各样的腿部动作，如"搭腿""晃腿""抖腿""交叉腿"。在这些特定的环境中，它们传递着某种信息。因此，腿部动作在表达情绪中也起着重要的作用。

当你坐着等别人很久时，你的腿会不由自主地颤抖，表示焦虑和紧张；当你心烦意乱或想表现出拒绝的时候，经常交叉双腿；当有人问你一个你不感兴趣的话题或建议时，你常常会频繁地换腿以表示不耐烦。值得注意的是，男女之间在腿部动作方面存在差异。以下是两种常见的腿部姿势表达。

（1）跷二郎腿。传统上，人们认为把一条腿交叉放在另一条腿上是放松的标志。然而，有实验证明这并不是一种轻松的表达，而是表达紧张和防御性态度的一种人体符号。例如，经验丰富的空姐经常能从乘客的腿部动作上看到他对于坐上飞机的恐惧，从而更轻易地找到一种方法帮助他放松，提供他所需要的服务。

（2）交叉踝部。当一个男人做这个姿势时，他的腿经常踝部交叉但大腿处张开，而女人则倾向于双腿并拢。实际上，这是一种压抑内心情绪的姿势。当人们压抑自己强烈的情绪，或者控制自己的神经和恐惧时，他们往往会做出这种姿势。例如，当一个人坐在牙医的椅子上时，由于紧张，他会情不自禁地交叉踝部，紧紧地握住椅子的扶手。

由于风俗文化的不同，还有一些腿部动作传递的信息也大不相同。比如，在中国，跺脚表示愤怒，而在一些西方国家，跺脚表示欢迎演员，跺得越响，就表示演员越受欢迎；在中国和西方国家，跷二郎腿是一种普遍的姿态，但在泰国却成了傲慢和不合理的行为。

综上所述，了解腿部动作传达的信息也是了解人们内心的有效途径之一。

6. 体触行为

接触是一种通过身体的间接接触来进行交流或交换信息的社交手段。有人称之为"触觉交流"或"触觉交际"。身体接触行为有多种表现形式，既可以表达丰富的情感，又具有鲜明的民族特色。因此，在跨文化交际中，要认真对待他国的接触行为，理解其代表的文化意义，避免误解。

作为海洋文明的代表，西方国家由于其民族的不同生活方式，形成了一种分散的文化模式，即强调个人的独立性。受这种离散文化的影响，他们的接触行为很少，更不用说频繁使用了。中国强调家族关系、邻里关系，热衷于群体生活，形成了一种融合的文化模式。因此，中国人的触摸行为较多，而且使用频率也较高。

在人际交往中，人们经常使用肢体接触行为，包括握手、拥抱和亲吻。因此，在跨文化交际中，我们必须了解英汉语言在这些方面的差异，以便更好地理解和交流。在西方国家，触摸行为很少发生。同时，由于追求个人自由，他们更注重自我空间，反对他人没有理由的触摸。例如，在拥挤的人群中行走或乘坐拥挤的公共汽车，他们对人与人之间的身体接触更反感。因此，他们会尽量避开拥挤的人群。而在中国，当他们在公共场合见面时，通常也不拥抱，而是握手。当他们握手时，他们的身体会互相靠近，以示尊重。有时，为了在见面时表现出他们心情的激动，握手力度会增加，这与西方国家大不相同。但是随着社会的发展，中国的年轻人也会在公共场合拥抱或亲吻，表达他们的亲切和爱意。对于拥挤的地方，在中国人看来，很多人挤在狭小的空间里是很正常的事情，因为这种挤在一起的现象很常见，所以他们通常不会采取回避的态度。有时他们认为人越多，就越活泼有趣，于是就争先恐后地加入人群。

这就是两个不同文化圈带来的触觉交流的差异。因此，在跨文化交际中，要充分把握身体行为的差异，避免文化差异造成的交际障碍。

（二）副语言分析

语言学家特兰格(Tranger)在20世纪60年代出版的《文化与社会中的语言》(*Language in Culture and Society*)一书中首次提出了"副语言"一词。特兰格认为，在人们的交际中，有一些语音修饰可以应用到不同的语言环境中，并对它们进行了全面的总结。之后，作为一种非语言交际方式，副语言越来越受到人们的重视。

在研究文化和交际的过程中,他收集整理了大量的语言和心理研究资料,并对其进行了全面的总结,提出了一些可以应用于不同语言情境的语音修饰元素。在他看来,这些语音修饰成分是自成一体的,并伴随着正常的交际语言,因此被称为副语言。其关键要素如下:一是音型,是指说话人声音的生理特征,使我们能够识别出声音的音调、健康状况、年龄、性别等;二是音质,是指说话人声音的背景特征,即音域、节奏以及说话者的声音程度、音速等;三是发声,包括伴随音,以及哭笑、叹气、打哈欠、吞咽、吸气或呼气声、呜咽、咳嗽、打喷嚏、打鼾、号叫等声音。这三个要素是副语言的原始内涵。

1. 语调

语调是表达意义的一种重要手段,主要用来表达说话人对自己所说的话和所表达的隐含意义的态度。语调与意义密切相关,语调的正确与否直接影响着交际的效果。在我们的日常生活中,我们经常使用两种声调:升调和降调。一般来说,低沉的语调表现出肯定、坚决、果断、直率,但有时会体现出严厉、唐突;升高的语调表现出犹豫、怀疑、不确定、含蓄、探索,给人的感觉是礼貌、友好的。

除了外表,声音往往给人留下强烈的第一印象。有些人的声音是柔和的,有些人则是沉重而庄严的。人们通常根据声音给人的印象来认识人。从交流的声音中,我们可以听出一个人是否足够自信,这在言语、谈话、教学等活动中表现得最明显。比如《红楼梦》中,黛玉走进贾府,最精彩之处是描写了王熙凤的第一次出现。未见其人先闻其声,而且是毫无掩饰的笑声,从中我们可以看出王熙凤的泼辣和鲜明的性格。因为声音确实显示了一个人的性格和性情,所以它有时是预测一个人未来的线索。当无法通过面部表情、动作、语言等掌握心境时,往往可以通过语调来估计说话人的情绪变化。由于中西方文化的差异,中国人说话的声调往往较低,而英语国家的人说话的声调往往较高。

在跨文化交际中,我们需要学习其他国家的语言或选择国际通用语言英语，但在使用其他国家的语言时也需要注意语言本身的特点和表达方式。跨文化交际中语速和语调差异的主要原因在于不同国家语言的差异和不同的表达习惯，因此我们可以在轮换过程中通过调节语速来缓解交际压力。

2. 音高和语速

音高是指声音的高度，由声带振动的频率决定。有意识地运用音高和速度可以产生特定的情感色彩。为了达到特定的效果，说话人可以有意识地选择一定的音高和速度。

语速是指说话的速度，测量单位是音节/秒。在日常交际中，当说话的语速比平时慢的时候，他们则是在表现自己对对方的不满或敌意；当说话的速度比平时快时，就意味着有缺点或错误，心里感到不安、紧张，而且说话的内容甚至是虚假的。从心理学的角度来看，这种情况是因为当一个人心有不安或恐惧时，会导致说话的速度更快。这是由于想试着通过快速说出不必要和多余的事情，来消除或隐藏在心中不为人知的恐慌。

以汉语语速为例，语速很快的人大多性格外向，年轻且精力充沛，这使得他们给人以很阳光活泼的感受；而说话慢的人会给人以诚实、真诚、体贴的感觉，但语速太慢也会让人觉得优柔寡断，甚至悲观。这个标准只能在中国人之间使用，而不能用于其他国家，如日本。由于受日语发音的影响，即使说汉语或英语，日本人也经常使用减音法，这使得他们说话时往往语速过快，语调严重生硬，从而不能用来确定谈话中对方的人格特征。

3. 停顿

停顿可以有效地控制谈话的节奏和速度。它可以使会话有序进行，也有助于听者更好地接受话语传递的信息，并通过停顿及时做出反应。这将有助于语气或情绪的顺利转弯。

第一，良好的会话控制能力可以反映一个人的情商水平和与他人沟通的能力。停顿发生在语音流中，以促进人们的呼吸，这一停顿被称为生理停顿。

第二，有时停顿是为了清楚地表达语言的结构层次，使听者能够理解意义，避免歧义。这叫作语法停顿。

第三，有时停顿是为了吸引听者的注意力，加强停顿后所用词的表意效果。比如，各种比赛宣布结果或颁奖时，往往会停顿下来，以烘托紧张的气氛。停顿对语速也有很强的控制力。如果谈话中有许多停顿，整个谈话的速度就不会很快。停顿也可以表示会话角色的改变。当思维被打断时，停顿的方式比使用无意义的声音词更平静，更自信，更注意听者的反应。

第四，在大声说话或朗读时，语法停顿是最常用和最基本的。它是一种通过恰当的运用，使思想内容表达清晰的表意系统。它是一种强调停顿时随着言语情境而产生的表达系统，目的是充分表达说话者的思想、情感、立场和态度。语法停顿应服从强调停顿，但表达之间是互补的，因此语法停顿和强调停顿应有机地结合使用。如果说或读的停顿不恰当，说话者的思想和感情就不能准确地表达出来。

因此，在跨文化交际中，停顿作为非言语交际是辅助交际的一种很好的手段之一。

4. 沉默

沉默指的是在交际过程中交际双方不明确地做出有声的表态，而是做出无声的反应或停顿，它也是传播信息的一种非语言行为方式。跨文化交际中的沉默更是与众不同。

第一，西方人对沉默往往感到非常不自在，因为当他们发出信息却只得到沉默时，他们会有一种不被尊重的感觉，甚至认为东方人的沉默是缺乏自信或害怕沟通的表现。对于在华工作的英美教师来说，经常困扰他们的一个问题是，他们在课堂上提问时，无法得到中国学生的积极回应。学生们只是静静地听，不喜欢提问或回答。

第二，中国人非常重视沉默的作用，认为沉默和停顿有着丰富的含义。它不仅可以表达无言的赞美，也可以是无声的抗议；它可以是对快乐的默许，也可以是对我们所看到的一切的保留；它可以是共识的表达，也可以是表示决心的标志。适当的停顿可以产生惊人的效果，具有"此时无声胜有声"的艺术魅力，因此有人称之为"无声语言"，认为它是超越语言力量的一种高潮转化方式。

在交际过程中，沉默和言语一样重要。沉默可以衬托语言的内容，也是传递信息和情感的一种手段。即使在相同的文化背景下，沉默的社会意义在不同的情境下也是不同的。它可以表达犹豫、缺乏自信等，可以默默祈祷、默默思考、默默积蓄力量，也可以用沉默来表达拒绝或愤怒。

5. 音长

音素在单词或短语中的发音长度称为音长。声音长度的变化是由其本身的性质决定的。然而，在日常交际中，根据所用词的原意、语境和使用情况，一个词中的一个扩展词或一个音节的声音可以用来表达一种特殊的意义。例如，如果你大声和简短地说"出去（get out）"，那就表明此刻你的内心是愤怒的。要是说得又低又慢又长，那就特别富有威胁性。又如：说话时发出"嗯（well）……"这个字的音长一方面可能意味着说话人傲慢自大，另一方面可能代表着自己对对方的话有所保留。如果你直接地说"不（No）！"这可能让别人觉得说话者是处于很严厉的或愤怒的心理状态下。有时，这些词是故意延长的，字面意思是可以改变的。例如：You are so early（你来得真早），将early 重读和延长之后，它的意思会就会呈现相反的效果。如在老师对迟到的学生这样说的情境下，那将是一种责备。

6. 特征音

特征音又称为"功能性发声"，如笑、哭、呻吟、叹息等。虽然这些人在各种情绪下发出来的声音都可以用拟声词来代替，但是它们总是与文本不相匹配，即没有语言那样有自身固有的表现意义。这些人在特定环境下发出的声响不仅是对内心情绪的描述，也是一种有声交际的信息传递方式。我们将从笑声和哭声对非语言交际进行分析。

（1）笑声

在日常生活中，笑是最普遍的面部表情，而它发出的声响也让人不陌生。在笑声中可以表达出一个人的情绪和心理状态，甚至可以用来传递信息。从听觉的角度来分析，笑声可以很多种表现方式："哈哈大笑""嘿嘿地笑""闷声笑""嘻嘻嘻地笑""微微一笑"等。从人心理状态去分析，笑声的不同也将反映出不同的情感变化。

中国人通常笑得含蓄，很少在公众场合开怀大笑，他们认为在陌生人面前大笑是对人不礼貌和尴尬的行为；而美国人在大众环境下只要开心就会笑得大声，让别人可以充分感受自己的喜悦情绪。

从笑声中，人们不仅可以看到一个人的情绪变化和为人性格，而且可以用笑声来达到自己的某一想法和目标，从而在交流中帮助自己让人记忆深刻。从人际交往关系来看，由于笑是最好的非语言交际手段，极具感染力，因此它在交流过程中可以带动聊天气氛、缓和陌生人之间的紧张气氛。

然而，在跨文化交际中，发出笑声要注意当时的情景和氛围。在积极的场景中，笑声可能是用来调节气氛，感染他人的。笑声也可以表达消极的意义：在不同文化背景的人眼中，某些笑声可能在某个特定的场景下被误解，即常常被理解为是对自己的嘲笑、看轻或者讽刺。

（2）哭声

与笑声相对的哭声，也是表达情绪和心理状态的一种方式或手段。不同的哭泣意味着不同的情感和意义。有时，某些人在悲伤、紧张或者情绪激动的情况下，比如看了一部悲伤的电影，在看到分手、亲人离世等情景下，人们为了内心情感的表达和释放，会选择哭泣，有"号啕大哭""静默无声地哭""抽泣""嘤嘤地哭"等；但是，有时某些哭泣为了吸引别人的目光、同情或其他原因，这时候人们可能只是"干号"。

对于中西方哭声的差异，中国人一直强调男人不能轻易哭泣，特别是大声哭泣，除非在特殊情况下，这是源于中国男人普遍存在的大男子主义文化观念。然而在美国，人们注重情绪宣泄和表达，对哭泣没有太多限制。

因此，通过"哭"这种非语言的方式我们可以观察别人的情绪波动和心理状态。

二、非语言交际与语言交际的联系和区别

（一）非语言交际与语言交际的联系

1. 暗示功能

在交际中，非语言交际行为可以作为一种辅助手段，表达不易表达但又想表达的情感或信息内容，甚至表现出不同言行的结果。在语言交际中，双方的情绪反应和态度变化往往是通过非语言交际来完成的，如降低语调和语音，以表示对方想结束谈话；盯着对方的眼睛，以表示对对方话题感兴趣。

2. 抵触功能

与情感表达中的语言交际相比，非语言行为所传达的情感和心理状态更适合人的内心。比如考试，通常学生在经历与生活息息相关的大考时，会感到紧张和不知所措，比如脸红、紧握双手或额头冒冷汗。但他们通常会掩盖事实，告诉父母："我没事，我不紧张。"这时，我们可以真正意识到，他在用语言否定自己的情感，试图掩盖自己紧张的事实，而非语言行为则是在无意识的情况下，真实准确地向我们反映这种心理情感。

因此，这一现象表明，在某些情况下，我们的非语言行为所传递的信号实际上与我们语言信息所包含的意义相反，这导致了现代社会大多数人对非语言信息的依赖。比如，你可以口头告诉你的朋友，你现在很放松、很舒服，但同时你的声音和手在颤抖，这就传达了你此刻的恐惧和焦虑。当你告诉你的伴侣你非常想念他，但你突然不说话或停止眼神交流，它传达了一个相互矛盾的信息，从而影响了双方的感情。

3. 替代功能

在人类语言出现之前，非语言交际是人们传递生产和生活信息的唯一途径，完全取代了语言交际的方式。人类语言出现后，非语言交际与语言交际的结合构成了人类交际的一种手段。但在一些特殊情况下，语言无法交流，非语言仍然可以代替语言来传递信息，如交警指挥交通时的手势、球赛裁判的手势、战争中的信号灯等。这些非语言无声地传达着人们想要表达的意义，扮演着语言无法实现的角色。

4. 表露和掩饰功能

各种不能用书面形式或语言表达的情感，都可以用各种形式的非语言交际来表达。非语言行为不仅具有普遍性和无意识性，而且在一定程度上具有人类情感表达的特殊性。一般来说，使用非语言交流与人类的心理活动是一致的，如悲伤时哭泣，恐惧时脸色苍白，紧张时搓手等。

（二）非语言交际与语言交际的区别

1. 真实性

在日常语言交际中，由于语言是有意识的主观行为，人们在语言交际中可能会有目的地欺骗；但非语言行为作为无意识的交际手段，其变化往往却是客观的、自然的，因此其反映比语言交际的信息传达更真实可靠，即具有真实性的特点。

非语言符号是天生的，不需要后天习得的有意识的学习行为。例如，婴儿在感觉到饥饿的时候会号啕大哭；人类受伤会不自然地因为感觉器官的疼痛而流下生理泪水甚至脸上流露狰狞的表情；有时生气时会大喊大叫。这些面部表情和情绪发泄是与生俱来的，是由于生理和心理的原因，因此不受文化的制约。当人们高兴、痛苦、愤怒和悲伤时，各种情绪都会通过面部肌肉的变化程度表露出来：开心的时候微笑，生气的时候皱眉或嘴唇紧闭，害羞的时候脸红，失落悲伤的时候嘴角下垂等。

因为非语言行为具有真实性的特点，所以当语言表达的信息与非语言行为传达的信息不一致时，人们更愿意相信非语言行为所传递的情感内容和情绪。例如，从历史遗留的信息来看，在语言文字还未曾发明的原始时代，人类的日常交流活动利用手势动作或绘画简易的图形，这就是非语言符号的最开端，同时表明非语言交际行为实际上是比语言交际更古老的交际方法，更具有真实性。

2. 丰富性

非语言交际即使在不同文化背景下进行，它也同样包含相通性和独特性等特征，即非语言交际具有丰富性的特点。相通性是指非语言交际是在人类共同的生理机制基础上的建立，独特性是指在特定的环境中由于人们了解新文化和接触新非语言行为从而学习获得的行为。

由于世界不同地区、不同民族的文化差异，许多非语言行为往往具有不同甚至相反的含义。根据研究分析，人们对认知参照点的不同选择，实际上是因为不同的民族文化心理和道德规范而造成的思维方式差异，从而导致了非语言符号的民族文化差异，但这也丰富了非语言行为的含义。因此，这种丰富性就要求我们在不同的文化中准确地理解非语言行为的正确含义。

3. 连续性

语言交际是具有局限性的，人只能通过直接用话语或以书面形式进行表现，同时利用视觉和听觉等感觉器官接收对方传达的信息，以达到交际的目的。虽然这种方式传达的信息能较为准确地接受，但是信息的内容却具有虚假性。而在非言语交际中，人们可以有效地利用视觉、听觉、嗅觉、触觉等感官方式来达成交际，其中非语言行为如身体姿势、面部表情、手势、衣着服饰、气味、时间和空间等。因此，在日常交际中，我们其实更多的是使用非语言交际行为，只是我们没有意识到。

虽然交流中语言总是在传递信息，但它却是不连续的，可能会出现停顿、沉默等辅助手段。但非语言交际在交际中却呈现出连续性的特点。例如，在激烈争吵后双方可能进入冷战，即语言交际停止，但语言交际停止时交际双方可能面部保持冷峻愤怒的表情和拥抱手臂的动作继续进行非语言交际。

4. 非结构性

虽然语言交际在日常交际中有着结构性、规范性和标准性，是一种有意识或无意识的交际行为。但是非语言行为却与之不同，绝大多数的非语言交际行为是随着环境和交际者的外在变化而改变的，是一种无意识的交际行为。因此，在不同的情境下即使是同一种非语言行为也会传达出不同的讯息和信号。例如，人们会在不同场景下哭，在老朋友相聚时喜悦地哭，在分离时悲伤地哭，恐惧时害怕地哭。我们需要具体情况具体分析，这样才能准确理解非语言交际。

自古以来，人类就有非言语交际，因此非语言符号具有普遍性等特点。这一特点使得在交际过程中经常使用非语言符号，从而使其成为社会交际中常用的交际方式之一。一些长期积累和维护社会习惯形成的非语言符号，以及一些为方便现代社会进行国际交流而经常使用且广泛的具有普遍意义的非语言符号，已经变成了日常交流手段。同时，非语言符号中所传达的信息不仅被不同文化和民族的人们所理解，而且国际上也越来越多认可这一交际手段。例如，一些在国际上通用的符号：红灯停绿灯行，红十字医院表示救援组织，在球赛中裁判通常使用的手语，其他包括一些音乐语言、数学符号和化学元素符号，都是超越不同文化和种族的国际交流符号。正是由于非语言符号普遍性的特征，有些活动不需要翻译就可以达到同样的效果。

第五章

跨文化视阈下高校英语基础知识教学

第一节 跨文化视阈下高校英语词汇教学

语音、语法和词汇是构成英语语言的三个要素,而词汇是语音和语法的载体,是构成语言大厦的建筑材料。对于外语学习来说,如果词汇量不足,将难以有效地进行听、说、读、写、译,交际也就无从说起,因此掌握足够的词汇是成功运用外语的关键。但仅仅掌握词汇的基本含义是不够的,还要了解词汇的深层含义,即词汇所蕴含的文化信息。这就需要在高校英语词汇教学中融入跨文化教育,以切实提高学生的词汇应用能力。

一、高校英语词汇教学中的文化差异

每一个民族的语言背后都隐藏着深厚的文化,文化会最先通过语言中的词汇表现出来,而且不同民族间的文化差异在词汇上的表现也最为明显。因为中西方文化的不同,英汉词汇的内涵与外延也有着极大的不同,这种差异对英语词汇的教与学都有着较大的影响。

(一)英汉词汇的概念意义相同或相似

同一个词语在英汉语言中可能有着相同或相似的联想意义和指示意义。例如,swan 在英汉语言中既有"天鹅"的意思,又有"高雅的人或物"的意思。但是,在英语中,swan 还表示"才华横溢的优秀诗人"。再如,fox 在英汉语言中既有"狐狸"的意思,又有"奸诈,狡猾"的意思。在高校英语词汇教学

中,当遇到这种词汇时,教师应详细讲解它们的联想意义和指示意义的相同和不同之处,让学生清楚它们的异同,进而能正确使用它们。

(二)英汉词汇的概念意义相同但内涵意义不同

英汉语言中有些词汇的概念意义相同,但因为词汇文化背景不同,所以这些词的文化内涵并不相同。例如,politician 在英语中指牟取个人私利、使用诡计、不择手段的政客;但在汉语中仅指从政的人。再如,peasant 在英语中主要指素质低下、未受过良好的教育、言行粗鲁的人;但在汉语中仅用来指在农田里劳作、干活的人。因此,在高校英语词汇教学中,教师除了要讲解词汇的概念意义,也要注意讲解其内涵意义,使学生更准确地使用所学词汇。

(三)只在英汉某种语言中有特定文化内涵的词汇

因为民族文化的特殊性,有些词汇有着特定的文化内涵。以植物词汇为例,英语中一些植物的名称有着独特的联想意义,如英国的 yew(紫杉)通常在墓园中种植,所以带有一种悲哀的情绪;lily(百合花)在西方人看来就是大自然的恩赐,一般象征纯洁、高贵、完美无瑕,但这种花在汉语中仅为一种植物的名称。汉语中也常常用植物抒发一些特殊的情感,不同植物的特定形态和习性往往可以引发不同的联想。例如,红豆有相思之意,这可以从王维的《相思》:"红豆生南国,春来发几枝。愿君多采撷,此物最相思。"中得到体现。可见,诗人赋予红豆一种浓厚的感情色彩。再如,成语"胸有成竹"主要表达坚定的决心和信念,并且"竹"本身也代表崇高、坚定和谦逊的品格和情操。

文化具有独特性,体现在一种词汇在另一种语言背景下出现语义空缺,这种"词汇空缺"现象十分常见。这种空缺的词汇常常会使处于另一种文化背景下的使用者很费解。例如,英语文化中的 hippie(嬉皮士)、montage(蒙太奇)等虽然可以用汉语表达,但一般都是音译或假借而来的,其实在汉语中并没有真正的对应词汇。学生习惯了通过寻找相对应的词义来学习英语词汇,而这种词汇空缺现象必然会对学生的英语词汇学习造成影响,自然也会对英语词汇教学造成影响,因此这种现象应引起教师和学生的重视。在具体的高校英语词汇教学中,教师应采用释义法对这些词汇进行讲解,详细说明它们在英语中的含义及使用情况,从而让学生对它们的概念和意义有清晰的认识。

二、高校英语词汇教学中跨文化教育的方法

由上述内容可以看出,文化对高校英语词汇教学有着重要的作用,高校英语词汇教学在强调语言知识教学的同时,应重视文化方面的教学,从而切实提高学生的英语词汇能力。具体而言,可以采用以下几种方法开展跨文化教育。

(一)文化教学法

在高校英语词汇教学中,教师可以采用文化教学法开展教学,即在教学中融入文化知识,以丰富学生的文化知识,提高学生的词汇运用能力。具体来说,教师可以采用以下两种方法开展文化教学。

1. 融入法

在我国,课堂是学生学习英语的主要场所,学生基本都是在汉语环境下学习英语的,较少接触英语环境,更少了解英语文化,所以他们在遇到与课文相关的文化知识时,往往会感到困惑。此时,教师就要积极发挥其主导作用,在课堂教学中融入一些英语文化知识,即在备课时精选一些与教学相关的典型的文化信息材料,将它们恰到好处地运用到课堂上,以增加课堂教学的知识性、趣味性,活跃课堂气氛,加深学生学习内容的深度和广度,激发学生的求知欲。例如,对于 the Big Apple 这一表达,学生基本知道其字面含义,也有部分学生知道其是纽约市的别称。但大部分学生并不知道其为什么是纽约的别称,此时教师可以向学生介绍美国的历史文化,这样可以丰富学生的英语文化知识,开阔学生的视野。

2. 扩充法

课堂教学时间毕竟是有限的,因此教师可以引导学生进行自主学习,即让学生充分利用课外时间来扩充词汇量,丰富自身的词汇文化知识。具体来说,教师可以采用以下几种方式。

(1)推荐阅读

词汇的文化内涵是极其丰富的,涉及生活的方方面面,教师在课堂上不可能讲授所有相关的文化知识。因此,为了扩大学生的知识面,丰富学生的词汇文化知识,教师可以有意识地指导学生进行课外阅读。教师可以有选择性地向

学生推荐一些英美国家的社会文化背景知识的优秀书刊，如《英美国家概况》等，还可以引导学生阅读原文名著，让学生深刻体会英美民族文化的精华。这不仅能培养学生的自主学习能力，还能丰富学生的文化知识，扩充学生的词汇量。

（2）开展实践活动

跨文化交际能力不仅包含丰富的语言文化知识，还包含扎实的实践能力，即通过实际交际来感受不同文化间的差异，从而形成对文化差异的敏感性，并在交际实践中提升自己的语言理解和语言产出能力。因此，教师应积极为学生创设情境，鼓励学生积极参与实践活动，从而丰富学生的词汇文化知识。教师还可以组织学生参与英语角、英语讲座等，让学生接触地道的英语，在英语语境中学习文化知识。

（3）观看英语电影

很多英语电影都蕴含着浓厚的英美文化，而且语言通俗、地道，因此教师可以引导学生观看一些英语电影。观看英语电影不仅能调动学生的积极性，而且能让学生切实感受英美文化，接触地道的英语，这对提高学生的文化素养和英语能力十分有利。

（二）词汇记忆法

词汇的记忆和积累对于词汇的掌握和运用至关重要，所以在高校英语词汇教学中，教师首先要教授学生如何记忆词汇。具体而言，教师可向学生介绍以下几种记忆词汇的方法。

1. 归类记忆

（1）按词根、词缀归类

词汇记忆是非常枯燥的，但通过词根、前缀和后缀来记忆可以有效提高记忆效率，使学生逐渐扩大词汇量，而且能降低词汇记忆的枯燥感。例如：

sub-（表示"下、次、分"）：subnormal（低于正常的）、subway（地下通道）、subheading（小标题）、submarine（潜艇）。

re-（表示"再、复"）：react（反作用）、rebuild（重建）、reconsider（重新考虑）、reaffirm（重申）。

（2）按题材归类

日常交际会涉及多个不同的话题，针对某一话题，教师可将与这一话题相关的词汇进行归类教授，这样可使学生的词汇学习形成系统，让他们有一个系统的记忆，如图5-1所示。

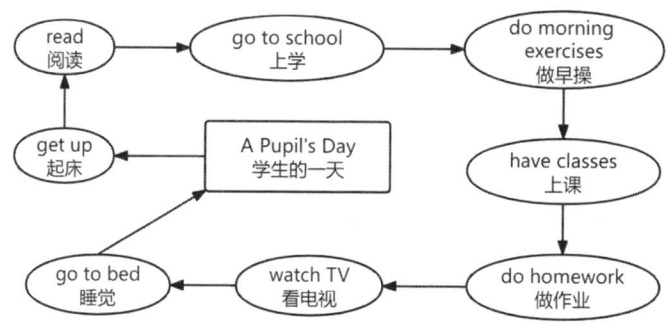

图5-1 按题材归类

由图5-1可以看出，与"A Pupil's Day"这一话题相关的单词有很多，这样的记忆更加系统，而且更加有效。

2. 比较记忆

在记忆词汇的过程中，一些词与词、短语与短语之间的相同、相近、相异之处常常会让学生感到困惑，此时就可以运用比较记忆策略，在比较中把握词汇含义，加深词汇记忆。

（1）近义词比较

近义词间意义相近，但也存在一些细微差别，通过比较近义词，可以有效区分这些单词，并加以掌握。例如，ascend、enhance、hoist、heave、elevate这五个词都有"上升"的意思，但ascend一般是指位置的上移，它所对应的反义词是descend；而enhance一般是指对好的抽象事物的提高，如efficiency（效率）、reputation（名誉）等，这些都是褒义词，又都是抽象的，可以放在enhance后作宾语；hoist、heave、elevate一般是指提高实际存在的重物。

（2）近形词比较

近形词就是单词间拼写十分相似的词。比较分析近形词，能帮助学生快速掌握一系列单词。例如，clap、slap 这两个单词，是典型的词头相近近形词。clap 的意思是拍手（可以把 c 想象成手掌）；slap 是打耳光的意思（耳光打在脸上会发出 /s/ 的声音）。

（3）相似词组比较

针对相似词组，应注意冠词的使用和名词单复数的比较，它们的意义差别往往取决于此。例如：

in a way 在某种程度上

in the way 挡道

on the way 在途中

in a moment 立刻

for a moment 一会儿、片刻

at the moment 此刻

on board 登机，登船

on the Board 在董事会上

behind the time 过时

behind time 迟到、延误

（4）功能易混词比较

英语中的形容词与副词同形，以下这些不带 –ly 的词，既是副词，又是形容词：firm—firmly、first—firstly、dear—dearly、fair—fairly、loud—loudly、quiet—quietly、thin—thinly 等。

此外，同根的两个词，一个可能是形容词或副词，另一个则是根词加 –ly 派生出来的，两者的用法和功能可能存在着较大的差异。例如：

deep—deeply：drink deep、deeply regret

easy—easily：go easy、win easily

hard—hardly：work hard、hardly any food

pretty—prettily：sit pretty、smile prettily

rough—roughly：sleep rough、roughly twenty

sure—surely：I sure I'm late、surely fail

3.联想记忆

联想记忆就是以某一词为中心，联想出与之相关的尽量多的词汇，这样不仅可以有效记忆词汇，而且可以培养学生的发散思维，如图5-2所示。

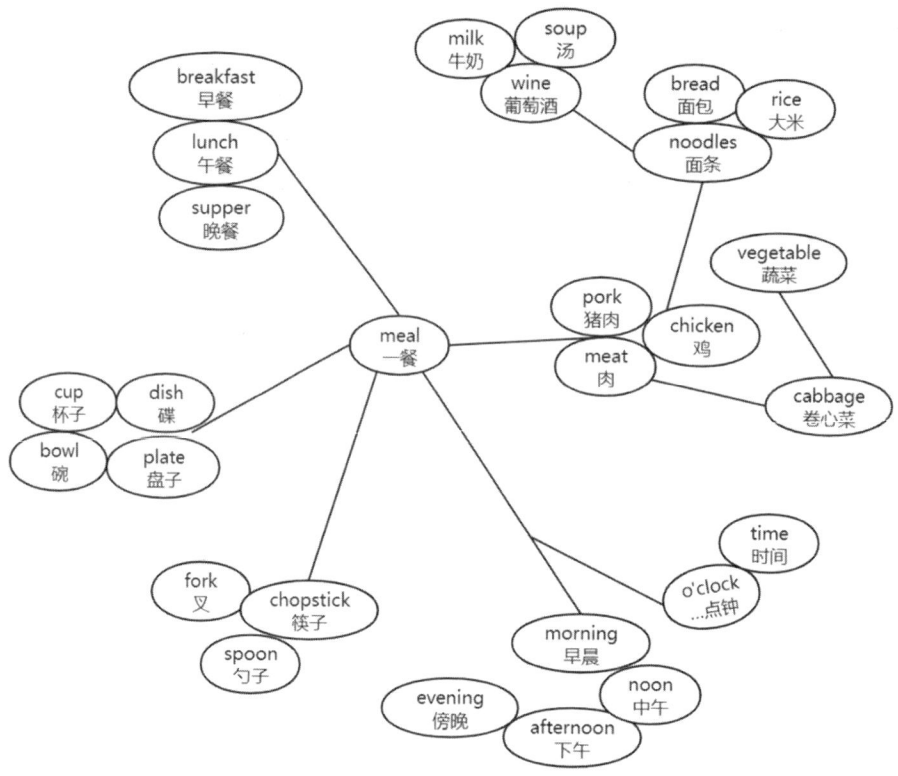

图 5-2 meal 的词汇联想

通过图 5-2 可以看出，由单词 meal 可以联想到许多与之相关的词汇，这不仅能提高记忆的效率，扩大词汇量，还能拓展思维能力。

4. 阅读记忆

通过阅读来学习词汇，不仅可以有效记忆词汇，还能加深对词汇的理解，了解词汇在具体语境中的运用情况。阅读分精读和泛读，通过精读可以进行有意识的记忆，通过泛读可以进行无意识的记忆，在泛读中可以巩固精读中所学的词汇。在具体的学习过程中，学生可将精读与泛读结合起来，从而加深对词汇的记忆。

（三）词汇游戏教学法

网络游戏改变了单一的人机对话方式，开始逐步强调人性化交流，并伴随着计算机网络技术发展而迅速发展起来。网络游戏为游戏者提供了一个逼真、互动、多样、平等的虚拟世界，作为一种新的教学方式迅速普及和发展起来。

近年来，出现了很多教学游戏软件，通过这些游戏软件，学生可以在玩游戏的过程中理解和掌握需要学习的单词，如跳跳熊单词拼写游戏、单词游戏乐园、玩游戏背单词等英语词汇教学游戏软件。学生通过运用这些词汇教学游戏软件，可以在游戏的语境中练习各类单词的发音、拼写、记忆等。词汇教学游戏的广泛应用，有利于提高学生学习英语词汇的乐趣。游戏能为学生提供和创设丰富、逼真的学习环境，激发学生的学习兴趣，使学生在愉悦的氛围中掌握所学知识。

具体而言，教师应用游戏来改进传统词汇教学模式的弊端。传统的词汇教学方式一般是教师先读单词，然后学生跟着读，最后教师逐个讲解单词的含义，学生在学习单词的过程中一直处于被动的状态。然而，通过运用英语词汇教学游戏进行英语课堂教学，有利于转变传统的词汇教学模式。生动活泼的小游戏能够使学生更好地理解和掌握自己所学的词汇，从而快速、准确地熟悉各类短语和对话，一般通过人机交互或者人人交互吸收学习到的知识。词汇教学游戏的方式有利于克服传统词汇教学方式单调陈旧和课堂组织形式保守等各种弊端。

另外，教师可以应用词汇教学游戏，为学生创设真实、地道的英语词汇学习环境。一方面，以多媒体作为主要载体的教学游戏能够为学生创设良好的学习英语的环境。学习时可以提供真实、地道的语言资料，配以原汁原味的英美文化插图、游戏,让学生有种身临其境的感觉,从而不自觉地将自己置身于英语语言环境中学习英语词汇。另一方面,学生可以在玩游戏的过程中体验西方文化,加深对中西方文化差异的理解。教学游戏可以为学生学习英语提供非常感性的材料,教学游戏可以将学生学习的背景文化设计成各种游戏情节,在学生体验游戏的同时,加深学生对西方文化的全面了解。

需要注意的是,任何事物都具有两面性,教学游戏也是如此。教学游戏不仅有积极的一面,利于给学生创造真实的语言环境,从而帮助学生学习英语词汇;还有消极的一面,由于很多学生缺乏自身的自我约束力和控制力,导致长期沉溺于网络游戏的虚拟世界中,危害他们的身心健康,影响学习。因此,在运用游戏软件进行高校英语词汇教学的过程中,需要辩证地看待游戏的运用。

(四)歌曲教学法

英语词汇的学习比较枯燥,而且课堂氛围较沉闷,很多学生都对词汇学习缺乏兴趣,如何提高词汇学习的效率,一直都是困扰教师的一个问题。经典的英文歌曲涉及大量的英语词汇和规范用法,是学生积累英语词汇、提高口语表达能力的有效素材。

所以,在高校英语词汇教学中,教师可以适当播放一些经典的英文歌曲,让学生在欣赏歌曲的同时,激发学生学习词汇的兴趣,提高学生学习的能动性,增加学生的词汇量,提高学生的语感,培养学生的英语思维。但是,如何选择歌曲是教师需要考虑的问题。具体而言,教师应选择具有以下特点的歌曲。

1. 认知度和传唱度较高

采用经典英文歌曲来辅助词汇教学,对于激发学生的学习兴趣、提高学生的词汇水平具有积极的作用,所以高校英语词汇教学中常采用经典英文歌曲来辅助教学。通常,欧美的英文歌曲比较有代表性,而且认知度和传唱度较高,尤其是那些耳熟能详的电影主题曲或插曲。例如,*Yesterday Once More*、*The Sound of Silence*、*Yellow* 等经典的电影主题曲都是学生非常熟悉的。当旋律响起时,学生的学习兴趣和动力就会被激发起来,课堂气氛也更加活跃,学生能在轻松的氛围中学习英语词汇。

2. 包含大量的英语词汇

现在的很多流行歌曲都是流水歌，歌词简单重复。而经典英文歌曲词汇丰富，词汇表现形式多样，被动式、主动式、现在时、过去时等，是学生学习英语词汇的极佳材料。所以，教师应选择富含大量英语词汇的经典歌曲。

3. 歌曲优美，意义深刻

经典英文歌曲之所以广受欢迎，与歌曲本身的质感有很大关系。首先，在旋律上，经典英文歌曲大多柔和舒缓，使人感觉轻松惬意。其次，在歌词上，经典英文歌曲词句优美，能够吸引学生的注意力，激发学生的学习兴趣。最后，在主题上，经典英文歌曲的主题或深刻隽永，或积极向上，能帮助学生树立正确的世界观、人生观、价值观。

第二节　跨文化视阈下高校英语语法教学

语法是语言中的词、词组、短语及分句的排列规则、规律和方式，要想掌握一门语言，就必须掌握其语法规则。可以说，学生的语言学习时刻刻都在受语法的支配。语法学习是为了跨文化交际服务的，所以在高校英语语法教学中，教师除了教授学生语法知识，还应开展文化教育，不断丰富学生的文化知识。

一、高校英语语法教学中的文化差异

文化的不同决定了语言之间的差异，这种差异在语法上也有着显著的体现。语法是语言交际的基础，掌握不好语法，不了解英汉语法方面的差异，就不能准确表达思想，也就不能流利地进行交际。下面就来介绍因英汉文化差异而导致的英汉语法差异。

（一）构建方式的文化差异

1. 英语注重形合

形合（hypotaxis）是指英语句子之间主要通过语法手段来连接。具体来说，

以形显义是英语句法的重要特征。为了满足句义表达的需要，有时应将句子中的词语、短语、分句或从句进行连接。英语中常采取一些语法手段，如关联词、引导词等，以此来从意义与结构两个方面实现句子的完整性。例如：

And he knew how ashamed he would have been if she had known his mother and the kind of place in which he was born, and the kind of people among whom he was born.

他有这样的母亲，出生在这样的地方，出生在这样的人中间，要是这些都让她知道的话，他知道该有多丢人。

上述例子包含宾语从句、条件状语从句以及两个定语从句。尽管具有较为复杂的结构，但其内在的逻辑关系十分清晰，这正是英语形合的典型特点。

2. 汉语注重意合

意合（parataxis）是指句间与句内的联系主要依靠意义之间的逻辑关系。与英语中的以形显义形成鲜明对比的是，汉语往往呈现形散神聚的特征。具体来说，顺序标志词、逻辑关系词等明显的连接形式在汉语中较少出现。汉语句子的含义常常通过动词来表示，并且读者往往需要进行积极思考才能将句子的内在逻辑关系梳理清楚。例如：

盼望着，盼望着，东风来了，春天的脚步近了。

一切都像刚睡醒的样子，欣欣然张开了眼。

山朗润起来了，水涨起来了，太阳的脸红起来了。

上述例子过渡自然、主题集中，且几乎没有使用连词，充分体现了汉语意合的特点。

（二）句子成分的文化差异

在句子成分方面，英汉语言的差异主要体现在以下几个方面。

（1）从整体上来看，汉语中有六大句子成分，分别是主语、谓语、宾语、补语、定语、状语。在英语中没有补语，而是用状语代替补语的功能。英语中的表语在汉语中则属于宾语。例如：

He lives here for three years.

他在这里住了三年了。

在上面这句话中，for three years 不能被当作补语，在英语中它是状语。再如：

他是医生。

He is a doctor.

在上面这句话中，doctor 不能说是宾语，只能说是表语。

（2）在主语方面，英汉语存在很多差别。英语中常用 it 作主语，这种现象在汉语中是没有的。例如：

It is raining.

上面这句话应当译为"下着雨呢"而不是"它在下着雨呢"。

汉语中的一些主语在英语中就变成了定语或者宾语。例如，汉语中的"这几本新书他想要"这句话，"这几本新书"是主语，但是在英语中只能说"He wants some new books."这里的 some new books 只能作宾语。

（3）在宾语方面，英汉语言也不同。例如，在汉语中，下面几句话中的"人"都是宾语。

教室里坐着十几个人。

窗户边站着一个人。

里面走出来一个四十多岁的人。

但是在英语中，"人"只能作主语，因此上述三句话的译文分别如下。

More than ten people are sitting in the classroom.

A man is standing by the window.

A man who is in his forties came from inside.

当然，由于汉语表达十分灵活，一些主语和宾语可以互换位置。上面三句话也可以说成"十几个人坐在教室里""一个人站在窗户边""一个四十多岁的人从里面走出来"。

（4）在英语中，表语可以说是一种极为重要的词类，汉语中则没有。例如：

That remains is a puzzle to him.

那个废墟对他来说是谜一般的事物。

在上面英文中，puzzle 充当句子的表语，其作用是修饰和说明主语的形态、状态与特征。这类表语在汉语中则是不需要的，汉语中仅用单一词汇就能表达

99

同样的功能。

（5）在其他句子成分方面，英汉语也存在差别。例如，英语的定语、状语等可以用从句表示，汉语中则没有地道的从句。再如，汉语中有"把"字句，英语中则没有。汉语中"把"字句里的状语在英语中只能用宾语来表示。

（三）句式方面的文化差异

汉语中有非常多的非主谓句，既有由一个词构成的非主谓句，又有由各种短语构成的非主谓句。例如：

好！

火！

听！

不！

证件！

好球！

哎呀！

好极了。

下雪了。

卖菜的。

我的衣服呢？

英语中虽然也不乏非主谓句，但整体来看此类句子所占的比重很少。例如：

Plane！

飞机！

Wonderful！

妙极了！

汉语中的"下雪了"在英语中通常表达为"It is snowing."；"我的衣服呢？"在英语中通常表达为"Where is my cloth？"可见，它们都不是非主谓句。此外，在汉语中有一种特殊的主谓谓语句，英语中则没有。例如：

他身体健康。

这个故事我没有听到过。

上面两句话中，谓语都是主谓短语。在英语中则分别表达如下：

He is healthy.

I haven't heard of this story.

二、高校英语语法教学中跨文化教育的方法

为了提高学生的语法水平，培养学生的跨文化交际能力，教师应灵活选用有效的教学方法，在高校英语语法教学中实施文化教育。

（一）三维教学法

一直以来，英语教师都倾向于两种教学方法：一种是注重语言形式或语言分析的教学方法，另一种是注重语言运用的教学方法。这两种方法各有侧重，但在实践中将两种方法结合起来才会更加有效。从交际角度而言，语法不仅是各种形式的集合，语法结构也不仅有句法形式，也可以运用具体的语言环境来表达语义，可以将这三个方面表述为形式、意义和用法。美国语法专家拉森·弗里曼（Larsen Freeman）提出了基于 Form（表格），Meaning（意义），Using（使用）三个维度的三维教学法，将语言的形式意义和用法有机结合起来。

三维教学法的实施包含五个步骤：热身运动、发现语法、学习形式、理解意义、应用语法。

热身运动是对上一课堂要点的复习，通过一些参与性活动，如听歌、表演、竞赛等形式，让学生对新的内容有所了解，调动学生的背景知识，激发学生的求知欲望。

发现语法就是在热身运动的基础上初步发现和探索语法规则，为接下来的教学活动做好准备。

学习形式是指学生通过教师的讲解和引导，在感知和发现语法现象的基础上，以语法结构的形式总结出语法规则。在课堂教学中，这部分内容表现为回归课文阅读文章，通过阅读文章找出类似的形式和结构。这一阶段过后，学生能够为下一步理解、操练规则做好准备。

理解意义是指设计以意义理解为主的活动，从而促进学生对语法项目的理解，为语法应用奠定基础。

应用语法是指教师为帮助学生掌握语法规则、提高其语法应用能力所设计的语篇意识强、交际性好、能够促进思维发展的任务或活动。

实际上，上述几个步骤并不是一成不变的，教师可以根据教学的具体情况进行调整。

（二）语法练习法

语法教学的目的不仅仅是丰富学生的语法知识，重要的是让学生能够将知识运用到实际中，从而更好地培养学生的综合素质和能力。因此，语法教学就需要教师对语法练习进行科学、合理的选择和设计，有效地组织学生进行语法项目的操练。但是，采用练习法来操练语法项目并不是盲目进行的，而是分阶段进行的，通常教师需要遵循循序渐进的原则来让学生达到熟练应用的目的。一般而言，运用语法练习法包括以下几个步骤。

首先，进行机械式训练。教师需要通过模仿、替换、不断重复来进行机械式的训练。机械式练习通常要求学生达到不用理解句子的含义就能做出迅速、正确的反应的能力。

其次，进行内化训练。在完成机械式训练之后，教师可以通过造句、仿句、改句、改错、翻译等方式来内化训练。内化训练通常要求学生围绕教学内容进行，要求学生达到熟记、理解的程度，并能做出正确的反应。

最后，进行交际操作训练。在机械式训练与内化训练的基础上，教师可以借助场景对话或问答等形式的口语训练进行最后的交际操作训练。这种训练方式要求学生能综合运用所学的语法知识，能组织语言且迅速做出反应和回答问题。

（三）归纳与演绎教学法

行为主义理论认为，外语是通过类比推理的方式来习得的，因此需要特别强调归纳法。归纳教学法是一种发现型教学方式，通过分析、总结语言使用规律，深化学生对语法的理解，提高学生发现、解决问题以及对比、归纳语法知识的思维能力。归纳教学法具体包含三个步骤：一是观察，二是分析和比较，三是归纳和概括。具体而言，归纳教学法先由教师呈现一些具体的语言材料，这些语言材料中包含所要学习的语法规则。之后引导学生在这些语言材料的基础上归纳、总结出语法规则。教师在呈现语言材料的时候可辅以图片、实物、影像等直观材料，为学生创设一个真实的情景，这在激发学生积极性的同时，能帮助学生建立语法规则与语言情景之间的联系，而且能避免教师填鸭式教学的弊端。

演绎法与归纳法正好相反，它是指教师先引导学生对所学语法规则进行初步理解，然后举例验证所学语法规则的教学方法。演绎教学法主要涉及三个步骤：提出语法规则，举例，解释语法规则。采用演绎教学法进行语法教学是一个从理论到实践的过程。这种教学方法易于操作、省时省力，替换或变换是最常采用的练习方式。演绎教学法比较适用于具有强烈学习动机的学生以及一些复杂的语法规则的讲解。演绎教学法能够有效激发学生的学习积极性和自信心，有助于学生对语法知识的准确掌握。

（四）语境教学法

语法与具体的语境紧密相关，语法是通过具体语境来呈现的，所以结合语境来教授语法是一种非常有效的方法。学生在语境中对语法规则进行体验、感悟、总结和运用，不仅能够很好地学以致用，而且对提升学生的交际能力也大有裨益。借助语境进行语法教学有效弥补了传统语法教学中忽视外在语言环境这一不良的情况，具体可通过以下几种方式来设计语境。

1. 借助现实场景来设计语境

在我国，语法教学多发生在课堂这一特定的时空中，而且相对枯燥。实际上，一些表面看起来比较单调乏味的语法教学活动也蕴含着一些鲜活的情景语境，因此教师应善于发现并对这些现实场景进行充分利用，结合语法规则的特点来设计语境。以祈使句这一语法项目的讲解为例，祈使句的主要功能为表达命令、指示和请求，或者可以用来表示劝告、建议、祝愿和欢迎等意义。在具体的语法教学中，教师就可以利用师生、生生之间的关系并配合一定场景来开展相应的情景教学。

2. 借助多媒体教学手段来设计语境

多媒体的优势及其对教学的作用不言而喻，它集图、文、声、像于一体，可以为语法规则的教学和学习提供使用语言和用语言进行交际的具体语境，能够使静态化、枯燥的语法知识变得更加立体、有趣，并能充分调动学生学习的主动性和积极性。因此，在具体的语法教学中，教师可充分利用多媒体创设语境，让学生通过与以英语为母语的人士进行交际来掌握语法知识。

3.借助语篇来设计语境

语篇是包含特定语境的各类语法形式的有机组合，其能够为语法规则的归纳、比较与总结等提供较好的上下文语境。语法教学中的一些常见的语法知识点和项目，如冠词、时态、主谓一致关系和非限定性动词的使用等，通常都应置于一定的上下文语境中。只有置于语境中来讲授这些语法知识，才能更加充分地体现和理解这些语法项目所蕴含的意义。

以时态教学为例，在传统的语法教学中，教师多是运用句子来讲授各种时态的，各个时态相区别的标志也通常是句中所出现的一些标志词。这种教学方式有其固有的局限性，即单纯地局限于句子，这使学生很难全面地掌握某一时态的具体用法，并使学生很难依照语义需要来正确地选择具体的时态。因此，不管句型操练多少遍，如果该时态在某一语篇的具体语境中出现时，学生也会比较难把握和熟练运用这些时态，导致他们在语法规则的形式、意义和用法等层面产生问题。但在语篇层面上设计语境，可以让学生更加全面地把握时态的意义和用法。同时，这一教学方法对教师也有较高的要求，要求教师要精心选择语篇，为教学的顺利开展做充分的准备。

（五）网络多媒体教学法

利用网络多媒体等先进的教育技术有利于在语法教学中创造轻松、愉快的氛围，降低学生的学习焦虑，并且能并有效调动他们的学习积极性，使他们积极思考，提高思辨能力与学习效果。具体来说，在语法教学中采取网络多媒体教学法可从以下几个方面入手。

1.利用课件呈现语法知识点

现在，网络多媒体已广泛运用于高校英语语法教学中，教师可以充分利用网络多媒体课件，将语法知识点、语法句型等呈现给学生，从而通过生动、形象的输入来帮助学生进行理解与记忆。例如，教师在讲授 listen、watch 等词的一般过去式、正在进行时的时候，就可以将 –ed 与 –ing 形式运用下划线、不同颜色标注出来，或者可以设置为有声导入，这可以集中学生的注意力，引导学生对规律进行总结，实现举一反三。

2. 采用课后自主拓展模式

网络多媒体教学对于激发学生的主观能动性、提高学生的自主学习能力十分有利。课堂教学时间是有限的，学生很难通过课堂掌握所有的语法知识，但网络环境下的语法教学要求学生在课后进行自主学习，这就有效弥补了课堂教学的不足。借助网络，教师可以创建一个讨论组，促进资源共享。在讨论组中，教师将预先设计好的指导性问题和相关内容上传进去，学生可以提前进行预习，如果有问题可以提出问题，大家也可以参与讨论。此外，教师可以通过邮件形式进行辅导和交流。这不但可以打破时空的限制，还可以缓解课堂的紧张气氛，让学生更轻松。

（六）任务型教学法

任务型教学法是目前英语教学所倡导的一种方法，其目的是通过给学生提供真实的交际或学习任务，让学生在完成任务的过程中体验语言规则、练习语言技能。任务型语法教学是指将英语语法规则的学习融入各项任务中，让学生通过完成任务来体验和发现语法规则，同时巩固和运用语法规则。

任务型语法教学法主要包括设置任务，阅读、发现、总结、归纳语法规则，汇报等步骤。在布置任务之前，教师应借助听力内容或阅读材料等展示语法要点，同时布置学习任务，然后安排学生通过小组活动完成语法学习任务，如果时间充足，可让学生展示活动成果，以激发学生的积极性。教师也可以根据学生共同出现的问题进行有针对性的讲解。需要教师注意的是，任务的设计应符合学生的特点和生活背景，以便学生有话可说；任务完成的形式应具有多样性和层次性，以满足不同学生的需求。具体而言，教师可采用以下几种常见的任务模式展开教学。

1. 合作型任务

这类任务要求学生以合作的形式来完成任务。例如，在教授名词性从句时，教师可对学生进行分组，让不同小组的学生对阅读文章进行"拼图阅读，查找含有名词性从句的句子"的任务，让小组中的学生分工合作、独立完成。

2. 信息差任务

这类任务要求学生在有意义的语境中进行语法结构训练。在该活动中，学生需要获取一定的信息，学生可以以小组形式完成获取信息的任务，消除信息缺口。

3. 交换观点型任务

这类任务要求学生通过表达不同的观点来学习和巩固语法知识。例如，在学习情态动词时，让学生回顾自己最近三天的饮食情况，通过访谈、填表格等形式完成任务，最后每个小组派出代表向全班汇报。

（七）翻转课堂教学法

翻转课堂是一种有效的教学模式，它的理念与英语语法教学相契合，而且能有效改善英语语法教学的现状，提高英语语法教学的效果。

具体而言，英语语法翻转课堂教学流程主要包含六个阶段：教师课前准备阶段、学生课前学习阶段、教师与学生课前互动阶段、学生课堂检测阶段、学生知识内化阶段和学生知识巩固阶段，如图5-3所示。教师可根据这一流程来开展语法教学。

总体而言，源于语言与文化的密切关系，高校英语词汇教学和语法教学是不可能脱离文化语境开展的。所以，教师在教学中要充分考虑文化因素，将词汇、语法教学与文化教学结合起来。在讲授词汇和语法知识的同时，适当融入与之相关的文化内容，让学生了解文化差异对词汇学习和语法学习的影响，从而在提高学生词汇能力和语法能力的同时，培养学生的语言运用能力和跨文化交际意识。

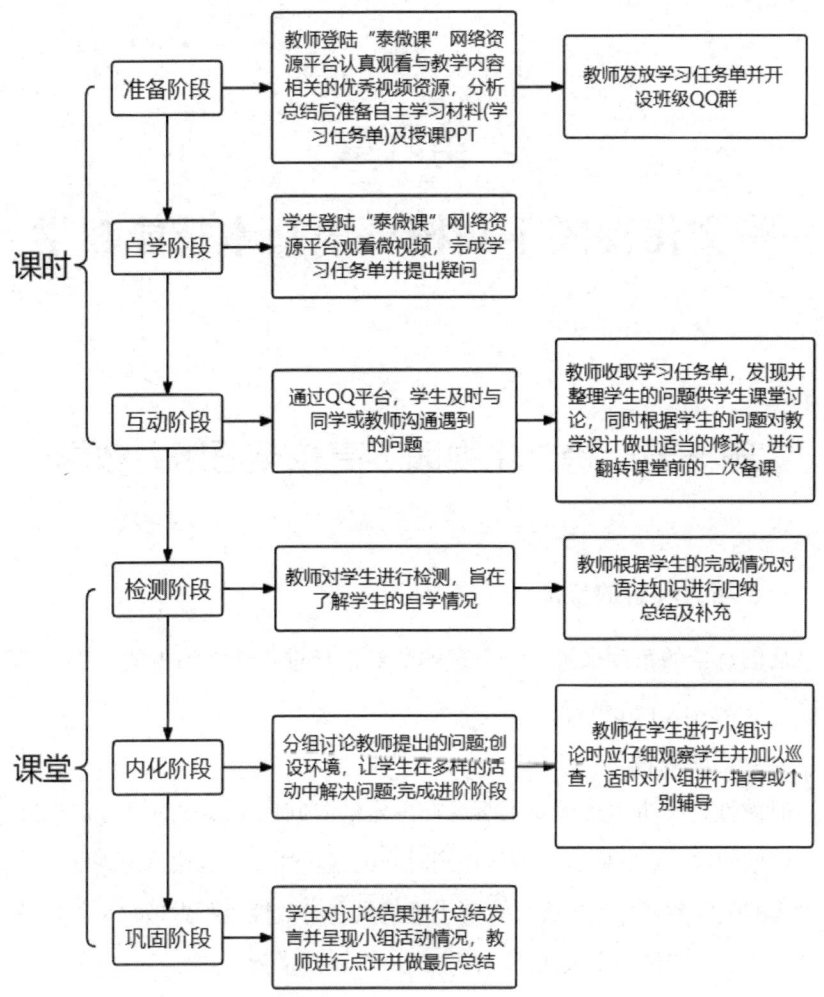

图 5-3 英语语法翻转课堂教学流程

第六章

跨文化视阈下高校英语基本技能教学

第一节 跨文化视阈下高校英语听力教学

一、听力理解的特征

从信息论的角度来讲,听力理解是对信息进行认知加工的过程。"听力理解"呈现出以下几种特征。

(一)时效性

时效性是指听力理解要求听者在一定的时间内高效地对声音信息进行加工。要做到这一点,听者需要认识到时间的紧迫性并且能快速地判断。声音信息输入的流线型特点也同样要求听力理解具有时效性。听力理解是否具备时效性,往往成为衡量一个人的听力能力的一个关键指标。

在高校英语听力学习中,教师可以将听力理解的时效性特点向学生进行详细的解释,这样可以督促学生做出更好的听力计划,促使学生监控和评估自己的听力能力。要想保证理解效度的最大化,听者就需要解决自身的听力时效性,如果不能解决这一问题,那么听者就很难理解发话人接下来的话语。

(二)过滤性

过滤性是指听者在听力理解的过程中能准确地筛选出有用的信息,并剔除那些无用的甚至是干扰的信息。简单来讲,过滤性就是"抓关键信息"。

显然,听者不需要原原本本地将听力内容在头脑中放映一遍,但是必须能够把握住听力内容的中心思想。因为听力理解的内容是一连串连续性的语言符号，人们必须从整体上把握内容，而不是孤立地关注某一个音素。想要把握听力内容的中心思想，不偏离听力内容的大方向，就必须先获取发话人的"主题"，然后围绕这一主题探索事件的时间、地点、过程以及发话人的思想情感等边缘要素，主题和边缘要素存在着一种内在的连贯性。

（三）即时性

即时性是指听力理解无法提前安排和计划，都是随时进行、随时结束的。这就使得我们不可能提前对听力理解进行演练，从而导致了听力理解的不可预知性，这正是它的难点所在。因此，在听力学习中，教师应该尽可能地培养学生对听力材料的适应能力，能对各种情况做到随机应变。

（四）推测性

推测性是指听力理解是通过推理进行的。其实说到底，只要是含有理解的行为，就少不了推理的存在。说得具体一点，推理就是依靠自己的主观能动性不断验证先前假设的一种认知过程。

在一次完整的推理中，有两个环节是必不可少的。首先是预测将要发生的事情，其次是对结果进行推断。当然，这两个环节有其存在的前提，也就是我们不能做无缘无故的预测，那是妄想，而是要根据已有的知识经验来推测未知的事物，并且在已有的知识经验和未知的事物之间是有着内在关联的，听者需要通过这些显性或者隐性的关联来寻找发话人的信息，从而推测出发话人的意图。

（五）共振性

"共振性"这一概念应该是从物理学中移植过来的，表示一种瞬间感应性。听力理解具有共振性，是指听力理解是在对应原则的基础上发生的，有着自己独特的经验和惯性。

具体来讲，在听力理解中，一些新信息不断地刺激大脑，从而激活大脑中的已有知识，新知识和已有知识之间的交流就是共振。那也就意味着，你拥有的知识总量和你的感知能力的高低是成正比的，和你的共振效率也是呈正相关的。听力理解的共振性和信息加工理论中的"编码—解码"程序具有很大的关系。

二、高校英语听力教学中的跨文化因素

高校学生在中学甚至小学时期已经学习了多年英语，对语音、词汇、语法和句型等都有了一定程度的掌握，因此很多学生甚至教师都认为，掌握了这些内容就可以提高听力水平。但是事实并非如此，因为即便学生掌握了大量的语音、词汇、语法、句型等方面的知识，也未必能听懂所听内容。这是因为听力理解的好与坏一方面在于听者的语言基础，另外还与其对话题的熟悉程度、文化背景知识的多寡、听者心理素质的高低等有关，其中文化背景知识的积累是一个重要方面。学生只有掌握了一定的文化背景知识，才能在听的过程中充满自信。英汉民族文化存在较大的差异，这给语言交流造成了很大的困难，对听力的有效进行以及高校英语听力教学的开展都造成了一定的影响。因此，要想切实提高英语听力能力，并能运用这一技能进行跨文化交际，就要加深对西方文化的了解和认识，从深层次上提高英语听力能力。

（一）词语文化内涵差异的影响

在听力学习过程中，很多学生都反映有的听力材料看上去并不复杂，也没有生词，语言结构也不复杂，但在听的过程中总觉得晦涩难懂，无法理解其内涵。这种情况主要是由于不理解词语的深层文化内涵造成的。心理语言学认为，听者在大脑中储备的文化背景知识与听力材料互相作用的动态过程，是实现有效的听的重要前提。例如：

Wendy：What do you think of Vicky？

Chad：She is a cat.

Question：Does Chad like Vicky？

对学生而言，上述对话没有任何陌生单词，理解起来并不难，但是在回答的过程中往往会答错，这主要源于中西方文化的差异。在中国，猫是可爱温顺、讨人喜爱的动物，但在西方国家，猫有着另外一层文化含义，指心存险恶的女人。上述对话中的"She is a cat."实际上是说Vicky是一个心怀叵测的女人。由此可见，很多理解障碍并不是由语言本身引起的，而是由对西方文化的不了

解引起的。因此，在高校英语听力教学中，教师应注意教授学生一些相关的文化知识，培养学生的文化素养，从而切实提升学生的听力能力。

（二）社交文化差异的影响

学生学习英语听力是用来社交的，如果不了解中西方社交文化差异，将会对其交际过程产生不利的影响。中西方社交文化差异在多个方面都有体现，如在俚语的表达方面。英语的俚语相当于汉语的歇后语，蕴含着发人深思的内涵。例如，fill someone in 的真正含义是"告诉某人，让他了解一些状况"。由于我国高校学生对英国的社交文化不了解，很容易逐词逐句地理解这一短语，将其理解为"把某人填进去"，这必然会对听力产生影响。对此，在高校英语听力教学中，教师应引导学生了解中西方社交文化的差异，培养学生的文化差异意识，切实提高学生的听力能力。

除了上述两个方面，英汉的思维模式差异、历史背景差异、地理环境差异等都会对听力产生重要的影响，在具体的教学中，教师应尽量全面地丰富学生的文化知识，提高学生的文化素养，为学生听力能力的提升排除文化障碍。

三、跨文化交际视阈下高校英语听力教学的创新方法

在高校英语听力教学中，教师应不断更新教学理念，创新教学方法，以提高教学质量和效率。具体而言，教师可以采用以下几种方法来开展高校英语听力教学。

（一）技能教学法

听力的有效进行是需要一定技巧的，因此在高校英语听力教学中，教师应向学生介绍几种常用的听力技巧。

1.听前预测

在进行听力之前，进行一定的预测是很有必要的。在教学中，教师可以指导学生在正式听听力材料之前，先浏览一下听力问题，据此预测听力测试的范围，如地点、时间、人名等，这样可使听力更具针对性。

2.抓听要点

在听的过程中，要学会抓听要点，也就是抓听交际双方言语活动中的主

要内容、主要问题、主题句和关键字等，对一些无关紧要的内容则可以不用当重点去听。

3. 猜测词义

在听力过程中不可能听明白每一个词，而且有时难免会遇到陌生的单词，此时如果停下来思考这个词的意思，就会影响对整篇听力材料的理解。因此，这时可以继续听，通过上下文来猜测词义，这样既不会中断思路，也能流畅地理解听力材料内容。

4. 边听边记

听力具有速度快和不可逆转性的特点，听者在有限的时间内不可能听懂和记住所有的内容，此时就需要借助笔记来辅助听力活动，也就是边听边记录。听力笔记不需要十分工整，听者自己能看明白即可。

（二）电影辅助法

英语电影不仅能营造真实、生动的听力环境，而且能帮助学生更好地了解西方文化，从中体会中西方文化差异，进而提高跨文化交际能力。因此，将英语电影运用于高校英语听力教学，可有效激发学生的学习兴趣，提高教学的效率和学生的听力水平。具体而言，可采用以下步骤开展教学。

1. 观赏影片前

在观赏影片之前，教师和学生需要做一些准备工作。这些准备工作是指，在选定影片之后，教师要为学生布置好与电影主题相关的作业，鼓励学生在课下通过网络搜集一些与电影背景相关的信息，通过此方式加深学生对影片的了解。在临近观看前，教师要对影片的相关内容进行介绍，并提出拓展学生思维的问题，如影片中有哪些俚语以及主角的爱好等，这样能引导学生带着问题和好奇心去观看影片。在准备工作完成之后，学生在了解影片的基础上，边观看影片边解决问题，以期达到更好的学习效果

2. 观赏影片中

在观看影片的过程中，教师可选择和运用影片中某个经典片段的放映来指导学生进行精听。精听要求学生听清每一个词、短语和句子，清楚每一个情节。通过精听，教师可以更好地引导学生学习影片中的语言。在精听的同时，

教师还可以采取泛听的方法，让学生了解影片的故事梗概。此外，在播放影片的过程中，教师可以根据学生的英语水平和影片中的相关内容适时暂停影片，提醒学生注意影片中的一些关键对话，辅助讲解一些俗语、委婉语、禁忌语等，同时分析其中所涉及的中西方文化差异，帮助学生掌握语言精华，培养跨文化意识。

3. 观赏影片后

在影片结束之后，教师可以有针对性地进行扩展活动，即选择影片中的经典情节，组织学生进行角色扮演，从而巩固学生的听力水平，锻炼学生的表达能力，提高学生发音的准确性，培养学生的语感，同时树立学生的信心，促使学生积极学习。另外，教师可以鼓励学生谈论影片的主题及意义，引导学生撰写影评，这样可以巩固学生通过影片所学的词汇、语法等知识，进而提高学生的听力水平。

总体来说，英语电影语言丰富，情节生动，深受学生的喜爱，将其运用于高校英语听力教学，能为学生营造一个真实的语言环境，锻炼学生的听力能力。但需要注意的是，采用电影辅助法开展高校英语听力教学，在选材上要多加留意，要选择那些语音纯正、用词规范、内容健康的经典影片，这样才能让学生学到地道的英语表达，最终提高学生的听力水平。

第二节　跨文化视阈下高校英语口语教学

一、口语的基本含义

对学习英语口语的学生而言，他们想要使用英语进行口语表达，首先就需要掌握一些英语的基础知识，如英语的节奏感、语音、语调，英语口语能力的提升并不是一件容易的事情。个体想要掌握一门语言，不仅要学会发音，而且还需要把握这门语言的其他方面的知识内容，如这门语言背后的社会习俗、文化背景、交际方式、社会礼仪等。可见，语言交际看似简单，其实相对复杂，是上述所有内容的一种综合体现。

人们对口语能力这一概念的理解往往不同，不同的理解通常会带来不同的教学效果。英语作为一门语言，是随着社会的发展而发展的，其学习理念同样也会逐渐变化。在以前，人们认为英语教学的理念就是发展学生的语言能力，让学生掌握基本的语音、词汇、语法、句法，学生只要对这些知识有了充分的掌握，就会自觉学会运用，流利地使用这门语言进行沟通与交流。然而，现实情况往往与人们想当然的局面大相径庭，而这种理念引导下的教学效果的弊端也越来越大。

20世纪七八十年代，西方国家涌现出大量的移民人士，在美国、新西兰、加拿大等国家都是如此，在这一现状的影响下，语言学领域的研究者以及作为一线工作者的教师对语言学习的传统模式有了很大的意见，他们的理念开始发生转变。这些人认为，学生只掌握语言的语音、词汇、语法等知识并不能真正地学会英语，更不意味着可以流利地开口讲英语，甚至不能利用自己所学的这门语言在社会上谋生。

随后，学者以及教师开始将英语语言能力看作交际能力的一个组成部分。可以说，交际能力是语言学习者与他人利用语言这门工具所进行的信息互动，进而生成一种有意义的能力，这种能力区别于做语法、词汇知识选择题的能力。然而，学习者如果想要获取更加高级的交际能力，就必须对所使用语言的社会环境、文化环境有一定的了解。社会语言能力往往指的是使用语言的人在不同的场合与环境中运用语言的能力，这一能力涉及的层面如下所示。

（1）语域，即正式语言或非正式语言的使用。

（2）用词是否恰当。

（3）语体变换与礼貌策略等。

二、高校英语口语教学中的跨文化因素

文化差异对口语交际有着重要的影响，对高校英语口语教学的影响也是显而易见的，因此教师在开展高校英语口语教学时要让学生了解文化差异对口语所产生的影响，培养学生的文化差异意识。

（一）词汇内涵差异的影响

词汇是人们撰写文章、用口语表达思想的基础，要想准确地传递信息和情感，首先要掌握大量的词汇，并且要了解词汇的含义，包括基本含义和内在文化含义。词汇蕴含着丰富的文化内涵，这对口语表达也有着至关重要的影响作用。英汉文化差异在词汇上有着鲜明的体现，所以了解和掌握这些词汇的文化内涵，并将其准确地应用到口语表达中，将能有效提高语言表达的水平。例如，在交际中当对方说"Paul was in blue mood."这句话时，如果不理解 blue 的文化含义，将很难顺利进行交际。在这里，blue 并不指其基本含义"蓝色"，与 mood 搭配表示的是"沮丧的、忧郁的"。了解了这一文化含义，交际自然就能顺利进行了。这样的例子还有很多，如在汉语文化中，"马"（horse）被人们视为朋友，属于积极进取、奋发图强、吃苦耐劳、勇往直前的正能量的代表，如"马到成功""龙马精神"等都表达了这一象征意义。但在英语文化中，horse 常用来做普通的喻体，和马毫无关系，如 white horse（泡沫翻腾的浪峰）、horse of another color（完全不同的另一回事）等。

对此，在高校英语口语教学中，教师首先应丰富学生的词汇量，同时让学生掌握词汇所蕴含的文化含义，并了解英汉词汇含义所体现出的文化差异，从而培养学生的词汇对比意识，提高学生的口语表达能力。

（二）语用规则差异的影响

语言交际有一定的规则，即语用规则。如果不了解英汉语用规则，就会对交际造成影响。例如，在寒暄方面，中国人见面习惯说"吃过了吗"表示关心。这样的表达并不在于"吃饭"本身，而是一种招呼用语，有着类似于"你好"的问候语义，相当于英语中的 hello。但是在西方国家，如果听到"Have you eaten yet？"时，会理解为对方想请他吃饭，然后会做出回应："Thank you, it is very kind of you."

对此，在高校英语口语教学中，教师应向学生介绍英汉语言中的语用规则和英汉语用规则的差异，以免学生在交际实践中出现误解而影响交际。

（三）地理环境和气候条件差异的影响

地理位置不同，其气候条件也不同，这会对文化产生一定的影响，进而在语言中有所体现。例如，英语是个岛国，多面环海，处于温带海洋性气候带，气候四季温暖。受地理环境和气候条件的影响，英国降雨频繁，随时都有可能下雨，因此人们常随身带伞。基于这一背景，在日常生活中就不宜跟英国人开关于天气的玩笑，否则会引起交际失败或者冲突。

三、跨文化交际视阈下高校英语口语教学的创新方法

在英语口语教学中进行文化渗透需要采用科学的教学方法，将目光投向文化教学，实现口语教学与文化教学的融合，从而丰富学生的文化知识，扩大学生的文化视野，进而提高学生的口语表达能力和跨文化交际能力。

具体而言，教师可采用以下方法开展教学。

（一）文化对比法

英汉文化差异对口语交际有着很大的影响，因此在英语口语教学中，教师应加入中国文化元素与西方文化元素的对比，呈现中西方文化之间的差异。以饮食文化为例，西方人宴请客人时多考虑客人的口味、爱好，菜肴通常经济实惠。中国人为了表示热情好客，在请客时通常准备多道菜肴，而且讲究菜色搭配。引导学生进行文化对比，不仅能提高学生的文化适应性，也能减少汉语思维的负面影响，进而提高学生的跨文化交际能力。

（二）创境教学法

口语学习的目的是进行实际交际，所以学生只有在真实的情境中开口说英语，才能使自己的口语能力得到锻炼。对此，教师可以采用情境教学法开展口语教学，即创设真实的情境，让学生在真实的环境下学习口语。具体而言，教师可以通过角色表演和配音两种活动来创设情境，锻炼学生的口语能力。

1. 角色表演

教师可以根据教学内容让学生进行角色扮演，将主动权交给学生，让学生自主分工、自行排练，然后进行表演。这种方式深受学生的喜爱，不仅能缓解机械、沉闷的教学环境，还能激发学生说的兴趣，让学生在真实的社会场景中进行社交活动，锻炼口语能力。当学生表演结束后，教师不要急于评价学生，应先给学生一些建议，然后再进行点评和总结。

2. 配音

配音是一种有效锻炼学生口语能力的方式，教师可以充分利用配音活动来提高学生的口语水平。具体而言，教师可以选取一部英文电影的片段，先让学生听一遍原声对白，同时向学生讲解其中的一些难点，然后让学生再听两遍并记住台词，最后将电影调至无声，让学生进行配音。这种方式可有效激发学生开口说的积极性，而且能让学生欣赏影片的同时锻炼口语能力。

（三）交际教学法

交际教学法诞生于 20 世纪 80 年代，其以交际能力的培养为目标，更加注重语言的实际运用，旨在提高语言交际的质量。交际教学法认为，英语教学的根本目的就是培养学生的交际能力，因此各种语言知识与技能的学习与训练都必须为交际能力服务。交际教学法打破了传统教学教师"一言堂"的教学模式，教师不再是教学的"主角"，学生也不再是被动的"观众"。在交际教学中，教师要发挥自身的主导作用，尊重学生的主体地位，合理安排课堂活动，将学生置于真实的语言环境中，帮助学生开展各种口语交际活动。

在口语教学中，交际教学法是一种行之有效的方式，课堂口语训练的内容有很多，如语音训练、会话技巧、交际技巧等，无论哪种训练，其核心内容都是语言的功能。

第三节 跨文化视阈下高校英语阅读教学

阅读是人类社会的一项重要活动，这项活动是随文字的产生而产生的。正是由于有了文字的存在，人们才可以把语言的声音信息转化为视觉信息，并把它长期保存下来。这样就突破了语言在时间上和空间上的限制，使人类社会所积累起来的经验能得以系统地保留和传播。在现代社会中，不仅学习者的学习离不开阅读活动，社会生活的各个方面也都离不开阅读活动。

一、阅读活动的性质

（1）阅读是以书面材料为中介的特殊的交际过程。它是作为一种特殊的交际方式而存在的社会现象，"作者—文本—读者"是构成这个过程的三个基本要素。在这个过程中，读者不仅要透过文本去发现、理解作者要表现的世界，而且要通过与作者在情感、理智上的对话与交流，实现意义的生成及主体自我的创造与重构。

（2）阅读是读者从书面语言符号中获取意义的认知过程。通过阅读，读者可以把外部的语言信息转化为内部的语言信息，将文本所蕴含的思想转变为自己的思想，从而不断地丰富和完善自己的认知结构。

（3）阅读是人类社会的一种言语实践行为。它是主体感受、理解文本、建构与创造意义的过程。

（4）阅读是一种复杂的心智活动过程。在阅读活动中，读者先要运用视觉感知文字符号，然后通过分析、综合、概括、判断、推理等思维活动对感知的材料进行加工，把经过理解、鉴别、重构的内容融入原有的认知结构之中，而且这种思维活动要贯穿阅读过程的始终，必须凭借全部的心智活动及特定的智力技能才能完成。

二、高校英语阅读教学中的跨文化因素

阅读过程常会涉及文化问题，如果不具备一定的文化知识，不了解英汉文化的差异，将很难进行阅读。可见，文化差异对英语阅读有着重要的影响，对高校英语阅读教学也有着一定的影响，下面就对此进行具体说明。

（一）思维模式差异的影响

不同的民族有着不同的思维模式，这种思维模式在语言中有着显著的体现，即表现为英汉语篇有着显著的差异。英语语篇属于演绎型语篇，往往开门见山，在文章的一开头就表明作者态度，随后再进行验证说明。汉语语篇属于归纳型语篇，往往是先说事实、讲理由，最后得出结论，而且作者会隐藏主题思想，需要学生边阅读边体会。这就使得学生养成了精读的阅读习惯，在面对

英语文章时不善于运用略读等技巧，进而影响阅读效率。

对此，教师在阅读教学中应引导学生了解英汉思维的差异以及这种差异对语篇阅读的影响，培养学生的英语思维，锻炼学生运用英语思维理解文章的能力。

（二）社会文化差异的影响

由群众创造的具有民族特征的并对社会群体发挥作用的文化现象就是社会文化。社会文化的不同对学生的英语阅读造成了一定的影响。例如，bread and butter 这一短语，bread 的意思是"面包"，butter 的意思是"黄油"，在西方，面包和黄油都是很日常的食物，是人们日常生活中不可缺少的，因此 bread and butter 在英语中就用来引申为"生计，主要收入来源"。如果学生不了解这一文化背景，在阅读中就会影响正确理解。

三、跨文化交际视阈下高校英语阅读教学的创新方法

（一）阅读策略讲授法

1. 引导

引导过程的基本任务是确定学习目标，唤起学习者的学习动机。一般包括以下教学内容：预习、解题、介绍有关资料、导入新课。在阅读实践中，可以全部运用，也可以只运用其中的若干项。

（1）预习

预习是学习者学习的准备阶段。学习者可以在课前预习，也可以在课堂上进行预习。

（2）解题

课文标题相当于文章的"眼睛"，透过课题可以了解文章的内涵和特点，所以，学习者找到理解课文的纹理脉络，课文标题与文章内容的关系是课文标题直接揭示主题、课文标题指示选材范围或对象、课文标题直接指示事件，或者课文标题隐含深刻寓意等。

（3）介绍有关资料

介绍有关资料是帮助学习者深入学习和理解课文的基础，包括介绍作者

生平、写作缘起、时代背景和社会影响等内容。介绍有关资料也应根据课文特点和学习者的学情具体而定，可以对几个方面的内容都做介绍，也可以有选择地进行介绍。

2. 研读

研读过程是阅读的核心环节，主要是对课文的内容和形式做深入的研读和探讨。根据阅读活动的特点，研读过程一般分为三个阶段：感知阶段、分析阶段、综合阶段。感知阶段是对课文的整体认识，分析阶段是对课文的具体认识，综合阶段是对课文的整体理解和把握。

（1）感知阶段

感知阶段一般包括以下几个方面的内容：认识生字新词、课文通读、感知内容、质疑问难。

（2）分析阶段

分析阶段是对课文内容和形式进行深入细致的具体分析研讨，主要包括文章结构分析、内容要素分析、写作技巧分析、语言特点分析、重难点分析。

（3）综合阶段

综合阶段是在分析阶段的基础上进行的，是由局部到整体的概括过程，由现象到本质的抽象过程。综合阶段的教学任务一般包括概括中心思想、总结写作特点等。

3. 运用

运用过程的基本任务就是学习者把分析综合阶段中学得的知识应用于实践，转化为英语能力。转化的途径就是集中训练，一般采用听、说、读、写等多种方法进行，这是阅读的关键。

阅读过程中有多边矛盾，而核心的矛盾是学习者认识、学习课文的矛盾，其他矛盾都从属并服从于这一矛盾。因此，学习者应有效地认识、学习课文。

（二）阅读技巧介绍法

从横向上看，阅读的方式有朗读、默读、精读、略读、速读，相应的就有一定的技巧。

1. 朗读

朗读就是出声地读，是通过读出词语和句子的声音把诉诸视觉的文字语言转化为诉诸听觉的有声语言。朗读有助于增强对语言的感受能力，从而加深对文章思想感情的体会理解；可以促进记忆，积累语言材料；有助于形成语感，提高口头和书面的表达能力等朗读训练的基本要求。朗读训练的方式主要有：范读、领读、仿读、接替读、轮读、提问接读、齐读、小组读、个别读、散读、分角色读等。对读物可采取全篇读、分段读、重点读等。

2. 默读

默读是指不出声地阅读，它通过视觉接受文字符号后，间接反射给大脑，可以立即进行译码、理解，因此，默读又称"直接阅读"。一般说的阅读能力，实际多指默读能力，因为它在实际学习和生活中运用得最多。

默读训练的要求：感知文字符号要正确，注意字音、字形、词语的搭配，句子的排列；要讲究一定的速度，要学会抓重点；在阅读中学会思考，根据文章的内容，向自己提出问题并解决问题。

根据默读训练的要求，默读训练可着重从下面三个方面进行。

第一，视觉功能的训练，主要是扩大视觉幅度的训练，增加一次辨认的字的数量，同时提高视觉接受文字符号的速度，减少眼停次数和回视次数。

第二，默读理解的训练，主要是要教会学习者如何调动想象、联想、思维和记忆的作用，以提高理解读物的内容深度和速度。

第三，默读习惯的训练，主要是帮助学习者克服不良习惯，如出声读、唇读、喉读、指读、回读等；使学习者养成良好的阅读习惯，如认真、专注、边读边思，边读边记等，良好的阅读习惯能帮助学生提高阅读效率。

3. 精读

精读是逐字逐句深入钻研、咬文嚼字的一种阅读。

精读训练的基本要求：对读物从整体到部分，从部分到整体，从形式到内容，从内容到形式的反复思考深入理解；对阅读材料中的关键词语或句子，要仔细推敲琢磨，不仅要理解其表层的意义，而且要深入领会其言外之意、画外之象；养成边阅读边思考、边阅读边做笔记的习惯，因为只有真正独立思考的主动的阅读活动，才是有效的阅读活动。

为了提高精读训练的有效性，教师在精读训练过程中要提示给学生精读的步骤和方法，给予适当的引导，使学习者逐步练习，直到完全掌握精读技能、形成熟练的技巧与习惯。

精度训练可以有不同的步骤，各有侧重。具有代表性的精读步骤有以下几种。

三步阅读法：认读—理解—鉴赏。

五步阅读法：纵览—发问—阅读—记忆—复习。

六步自读法：认读—辨题—审题—问答—质疑—评析。

在实施阅读训练的过程中，无论哪一个步骤或环节都需要运用良好的、合适的阅读方法才能保证精读的顺利完成。实际上，精读没有固定不变的步骤和方法，每个教师都可以根据自己的经验和学习者的情况提出训练方案，同时鼓励学习者在实际阅读和训练中总结出符合个人阅读情况的步骤和方法。

4. 略读

略读是指粗知文本大意的一种阅读，是一种相对于精读而言的阅读方式。略读对文章的阅读理解要求较低，略读的特点是"提纲挈领"。它的优势在于快速捕捉信息，在于发挥人的知觉思维的作用，一般与精读训练是交叉进行的。

略读训练指导应注意：第一，加强注意力的培养，提高在大量的文字信息中捕捉必要信息的能力，纠正漫不经心的阅读习惯。第二，加强拓宽视觉范围、提高扫视速度的训练。第三，着重训练阅读后，加强用简练的语句迅速归纳材料的内容或概括中心意思的能力。第四，注意教给学习者如何利用书目优选阅读书籍，利用序目了解读物全貌，如何寻找和利用参考书解决疑问，以及略读中如何根据不同文体抓略读要点等。

5. 速读

速读是指在有限的时间里，迅速抓住阅读要点和中心，或按要求捕捉读物中某一内容的一种阅读方式。速读的基本要求：使用默读的方式；扩大视觉范围，目光以词语、句子或行、段为单位进行移动，改变逐字逐句视读的习惯；具有高度集中注意力进行阅读的习惯；每一次阅读都有明确的阅读目标的习惯；

减少回读；从顺次阅读进入跳读。

速读方法的训练主要有：一是提问法，读前报出问题，限时阅读后，按问题检查效果。二是记要法，边读边记中心句、内容要点或主要人物和事件等，读后写出提要。三是跳读法，速读中迅速跳过已知的或次要的部分，迅速选取与阅读目的相符的内容，着重阅读未知的、主要的或有疑问的地方。四是猜读法，即根据上文猜测下文的意思，或根据下文猜上文的意思，能迅速猜测出意思的，就不必刻意去读。当然，速读训练应注意根据学习者的阅读基础和读物的难度来规定速度的要求。

（三）构建阅读文化图式法

图式理论充分彰显了阅读的本质，即强调阅读的本质是读者及其大脑中所理解的相关主题知识与阅读材料输入的文字信息之间相互作用与交互的过程。图式理论是一种关于阅读研究的科学理论，其不仅强调文化背景知识与文化主题知识的重要性，还并未忽视词汇、语法在阅读中的重要作用。下面通过读前、读中、读后三个阶段进行详细的分析。

读前阶段是信息导入阶段。在这一阶段，要发挥出图式在阅读之前的预测功能。教师可以组织学生参加一些讨论、预测或者头脑风暴等活动，从而将学生头脑中的图式激发出来。在这一阶段，通过自上而下的阅读，学生将头脑中的先验知识与文本相结合，从而将学生的图式激活并构建图式，为学生进一步的阅读埋下伏笔。

读中阶段是文化渗透阶段。在这一阶段，要发挥出图式的信息处理功能。学生们根据自上而下的模式来探究文章的整体思路。一些新的文化知识可以通过自上而下的阅读模式获得，从而构建内容图式与阅读技巧。在读中阶段，略读、细读等都是比较好的策略。

读后阶段是文化拓展阶段。在这一阶段，要发挥出图式的记忆组织功能。教师可以通过各种活动对学生的新图式加以巩固，如辩论、角色扮演、讨论等。图式理论指出，学生存储在大脑中的图式越丰富，学生的预测能力就越强。因此，课外阅读是非常重要的。

1. 读前文化导入——激活图式

（1）头脑风暴法

在英语阅读中，头脑风暴法常被用于导入环节中。学生通过这一方法可以展开丰富的联想，从而刺激头脑并形成新的图式。因此，教师在文化导入过程中要考虑话题的需要，为学生创设合理的头脑风暴，让学生更好地融入课堂。

（2）预测与讨论

在阅读之前运用图式理论时，教师应该发挥学生的推理能力。学生通过对文本材料进行解读与推理，从而刺激自身的图式。

（3）运用多媒体资料

在文化导入阶段，教师应该善于运用多媒体资料，从而让学生更好地体验文化教学的特色。通过多媒体，学生可以更直观地感受语言知识，了解中西方语言文化的差异，刺激学生的图式，让学生在激活自身图式的基础上进行内容图式的拓展。

2. 读中文化渗透——深化图式

在读中阶段，教师可以在这一阶段进行文化知识的渗透，进一步对学生的内容图式加以丰富，从而让学生更好地展开阅读。在阅读教学中，教师采用扫读、略读等策略帮助学生构建灵活的图式，促使学生激发头脑中与之相关的图式，从而便于学生更好地理解文章。在细读阶段，教师要帮助学生挖掘与语篇相关的文化内涵，扫除他们在正式阅读中的障碍。

首先，可以通过略读和扫读法，让学生大致了解文章的大意，从而获得文章的总体信息与思路，这是帮助学生建构相关内容图式的有效路径。扫读法是学生根据教师的指令，能在文章中找到特定的信息。

其次，可以通过细读，根据上下文，让学生明确每一个单词的含义，尤其是那些具有文化内涵的词汇，可以丰富学生的内容图式。

3. 读后文化拓展巩固图式

在读后阶段，主要是充分发挥学生头脑中的记忆功能。一般来说，读后的文化拓展的方法主要有如下几种。

第一种是辩论。教师可以针对文本材料中的相关内容，选取一些视角展开辩论，学生在辩论中对与文本相关的内容图式加以巩固。同时，通过辩论，学生也可以更好地理解文本的文化内涵与文化背景知识。

第二种是角色扮演。学生通过学习与文本相关的文化知识，可以丰富自身的文化知识。然后，学生带着角色有目的地重新阅读文本，教师引导学生对文本进行改变或者情景模拟，从而激发学生学习的兴趣和积极性，提高他们在真实语境下对文本进行综合运用的能力。

第三种是总结性写作。这一方式有助于学生加深对文本的理解，让学生将文化知识从短时记忆转向长时记忆。

第四种是课外阅读。除了课后巩固之外，教师还应该鼓励学生展开课外阅读。通过大量的课外阅读，学生可以提高学习的自主性，而且还能在阅读中不断丰富自身的内容图式。

第四节 跨文化视阈下高校英语写作教学

一、写作的基本含义

在英语中，writing 这一单词对应的含义是"写作"，该词所表达的写作含义不仅可以表示写作的结果，而且可以表示写作的具体过程。如果人们认为一篇文章写得比较出彩，那不仅意味着作者创造出了漂亮的文章，而且也意味着作者所创造的写作过程也是非常完美的。对写作者而言，写作过程的好坏将对写作结果带来直接的影响。

可以说，写作具有两大功能特点：其一，为了学习一门语言而进行写作，通过写作技能的掌握，学习者可以对自己所学习的语言知识进行有效巩固，因为写作过程中需要用到这门语言中的词汇知识、语法知识、语篇知识等。其二，为了进行写作而写作。在写作时，学习者通过自己的大脑来组织语言，表达自身的观点，可以对自己的学习过程进行强化，同时也是将自己所学习的知识运用于交际的过程。只有通过学习，个人的写作技能才能得到有效提高。

二、高校英语写作教学中的跨文化因素

写作不仅是语言传递的过程,也是文化交际的过程,所以文化差异也会对写作以及写作教学产生一定的影响。了解这种影响,能更好地开展写作教学,培养学生的文化差异意识和文化素养,为学生写作能力的培养奠定基础。

(一)词汇差异的影响

词汇最能反映文化差异,表达相同概念的词汇在不同的文化中具有不同的联想意义和文化内涵。我国学生在学习英语单词时,只记忆其基本含义,而不了解其内在的文化含义,因此在写作中时常会误用。针对这种情况,在高校英语写作教学中,教师应首先从词汇入手,让学生了解英汉词汇的差异,理解词汇的深层文化含义,改变中式英语,提升写作水平。

(二)话语表述差异的影响

英汉思维有着显著的差异,而这种差异对英汉话语表述以及写作也产生着重要的影响作用。具体而言,英语话语表述属于"主语—谓语"结构,汉语话语表述是"话题—说明"结构,受话语表述方式的不同,很多学生常采用汉语话语表述方式来进行英语写作,形成了中式英语。针对这种情况,教师在写作教学中应引导学生了解英汉话语表述的差异,锻炼学生的英语思维,避免学生受母语迁移的负面影响,从而使学生写出地道的英语文章。

(三)语篇差异的影响

在语篇方面,英汉语言也有着显著的差异,具体表现为英语语篇结构严谨,注重句子以及段落之间的衔接与连贯,汉语语篇结构则较为松散,句子和段落之间主要靠意义来衔接。由于缺乏对英汉语篇结构差异的了解,很多学生在英语写作过程中常会出现表达跳跃、逻辑不严谨、缺乏连贯性等问题。对此,教师在写作教学中应重点向学生介绍英汉语篇的差异,提高学生的英语写作能力。

三、跨文化交际视阈下高校英语写作教学的创新方法

（一）写作策略讲授法

1. 自由写作

自由写作（free writing）就像是一个开启思维情感的闸门，是一种思维激发活动（brainstorming）。其主要目的是克服学生写作的心理压力，激发思维活动和探索主题内容。

（1）寻找写作范围

在进行自由写作时，首先要确定写作范围。将头脑中能想到的内容都写下来，这些内容看似无用，但仔细品读就会发现，这些杂乱甚至毫无联系的句子隐含着自己最为关心的情绪，只是隐藏在思想深处，无法注意到。这样就可以确定一个代表着自己真情实感的写作范围，而且找到最为闪亮的句子或词语，为接下来的写作奠定基础。

（2）寻找写作材料

在确定写作范围后，就要寻找写作素材。在特定的范围内开展自由写作，尽管这是有所约束的写作，但是还要放松地进行。在停笔之后，通读所写的文字，分门别类地整理这些写作的材料，提炼出文章的基本线索和层次结构。

（3）成文

在两次自由写作的基础上，构建真正属于自己的完整的文章。前两个阶段的自由写作实际把构思过程通过文字语言给外化了，是对构思过程的一种自由解放，在无束缚中发挥出写作主体的创造性和能动性。

2. 模仿写作

这是最常用的写作教学方法，即采取已有的形式，利用原有的语言材料，学习者可以加上自己的思想进行写作。模仿是学习写作的基本途径，因而看重范文的作用。其结构主要包括仿写、改写、借鉴、博采四个依次递进的层次。

仿写就是按照范文的样子（包括内容）进行"依样画葫芦"的训练，主要有仿写范文某一点的点摹法和仿写全篇的全摹法两种形式。

改写是对范文的内容或形式进行某种改动，写出与原作基本一致而又有

所不同的新作的训练方式,包括缩写、扩写、续写、变形式改写和变角度改写等几种形式。

借鉴是吸取范文的长处,为我所用,来写出有新意的文章的训练手段。

具体方式有貌异心同、辞同意不同和意同辞不同三种。

博采是博采百家之义,训练学习者从多篇文章中吸取营养,经过一番咀嚼、消化,然后集中地倾吐出来,写成自己的文章。这样,就已完成了从模仿到创造的过渡任务。

3. 单项作文

这就是我们通常所说的小作文,主要是针对学习者在写作过程中出现的具体环节进行局部或片段训练。比如,学习者的作文普遍存在命题随意或题目不新颖的问题,因此教师就可以进行"让作文题目亮起来"的专门针对题目的训练;再比如,学习者的作文中只是叙述,缺少生动的描写和有深度的议论性语句,教师就可以进行表达方式的综合运用的训练、让学习者将叙述、描写、抒情、议论放在一起做综合训练,或者直接针对作文的立意、命题进行训练,针对提高学习者作文中的文采进行训练等。这种训练针对性强,一次作文解决一个问题,目的明确,篇幅短小,易操作,见效快。

(二)多技能综合教学法

所谓综合教学法,是指将写与听、说、读几项基本英语技能相结合,使之相互作用来提升学生的写作能力和培养学生的英语综合能力。

1. 听、写结合

听是语言输入性技能,可以为写作积累丰富的素材,加快写作的输出。教师可以采用边听边写和听后笔述或复述的方式开展教学。

边听边写可以是教师朗读,学生记录,也可以是播放录音,学生记录。听写的内容可以是课文内容,也可以是其他故事或内容。

听后笔述或复述是指教师以较慢的语速朗读或者录音播放听写材料,一般朗读或播放两至三遍,在这一过程中学生只听不写,在朗读或播放录音完毕后,教师要求学生凭借记忆进行笔述或复述。在笔述或复述时,学生不必拘泥于原文的词句,也不用全部写出或背诵出,只要总结出大意即可,这种方式能有效锻炼学生的语言组织和概括能力。

2. 说、写结合

说与写密切相关，说是写的基础，写与说相互贯通。以说带写，可以有效激发学生的写作兴趣，提高学生的写作能力，还能锻炼学生的口语表达能力。具体而言，教师可以采用改写对话和课堂讨论的方式开展教学。

3. 读、写结合

读与写的关系十分密切，通过阅读可以获取大量写作所需的素材，通过写作可以进一步巩固阅读能力。写作作为一种输出活动，是离不开语言知识的输入的，如果没有语言知识的积累，将写不出内容充实的文章。而阅读作为积累语言知识的重要途径，能为写作奠定良好的基础。但学生的阅读需要教师的指导，因为很多学生都将理解文章内容作为阅读目的，而很少从中吸取有益的写作素材。对此，教师应引导学生体会作者遣词造句的技巧，并培养学生记笔记的良好习惯，从而使学生积累大量的有利于写作的语言知识。通过阅读，学生的阅读能力不仅会得到锻炼，写作水平也会显著提高。

总体而言，在高校英语写作教学中，要重视英语基础知识和技能的教学，并不断进行创新，从而提高教学质量，培养学生的英语综合能力。

（三）文化知识积累法

在跨文化交际视阈下，英语写作教学应该重视让学生积累丰富的文化知识，摆脱汉语负迁移作用对学生英语写作的影响。在日常的写作中，如果学生遇到难写的句子，他们往往会选择用汉语思维对句子进行组织，这就会出现明显的语言错误。

因此，在英语写作教学中，教师除了对学生的词汇、语法等语言知识进行训练，还需要训练他们的文化知识，避免学生在写作中出现负迁移的现象。同时，教师应该鼓励学生多进行阅读，让他们在阅读中挖掘文化知识，从而对自己的语言进行充实，写出一篇得体的文章。

（四）语块教学法

如前所述，受负迁移作用的影响，学生习惯用汉语思维来组织文章，这样很容易出现各种错误，如句式单一、语言不通顺等。因此，在跨文化交际视阈下，教师可以采用语块教学法展开写作教学。

根据语块教学法，本族语者之所以能表达顺畅，是因为他们在脑海中会存储一些各种情境下的语块，而不是某一个词。在发话或者写作中，他们可以调用这些语块，无须进行排列加工，这样的语言输出才更有速度与质量。同样，将这一理论运用到写作教学中就是要求教师应该对学生加强语块训练，让学生在脑海中形成整体的语言知识，以语块来组织写作练习，这样写出来的文章才具有整体性与格局性。

第五节　跨文化视阈下高校英语翻译教学

一、翻译的特点

随着国与国交往的日益频繁，翻译在国际交往中扮演着非常重要的角色。在跨文化交际的过程中，翻译也呈现了自身的特点，具体表现在文化性、创造性与符号转换性上。

（一）文化性

翻译对世界文明的进步与发展作用巨大，而社会的发展与文化有着紧密的关系，因此翻译的社会性中其实也渗透了翻译的文化性。

著名学者季羡林这样说道：只要交谈双方具有不同的语言文字，不管是在一个国家，还是在一个民族，都需要翻译的参与，否则彼此就很难进行沟通，文化也很难进行交流，人类社会也无法向前迈进。

从季羡林的观点中可以看出，翻译需要民族之间的交往，而在交往中必然会涉及文化内容与信息。

（二）创造性

翻译具有创造性。传统的翻译理论认为翻译仅仅是两种语言之间的转换，其实不然，因为从翻译的社会性与文化性中可以明显看出翻译的创造性。

首先，从社会角度来说，翻译是为了语言之间的交流，是为了传达思想，而思想是开放的，是翻译创造性的前提和基础。

其次，从文化角度来说，翻译中将文化因素导入，是为了激活翻译中的目的语文化，实际上这也是在创造。

最后，从语言角度来说，为了能传达新事物、新观念，创造是必须的，当然翻译也不例外。

在郭沫若看来，好的翻译就等同于创作，甚至可以超过创作。翻译工作是非常艰苦的工作。在创作过程中，译者需要具备足够的经验，除了要熟悉本国语言，还需要熟悉他国语言，这一难度甚至可以超过创作。因此，翻译是一种艺术，是一种创造性艺术。

茅盾也指出，文学翻译与文学创作有着同等重要的地位。中国近现代社会实际上是一个充满矛盾的社会，很多人认为翻译等同于临摹，认为译者与创作者是无法比拟的。针对这一问题，茅盾对其进行了多次批评。在茅盾看来，翻译的困难与创作是一样的，甚至比创作更难。因为要想翻译一部好的作品，首先就需要把握作者的思想，进而找寻作者写作的美妙之处，从而将自己带入作者的作品中，感受作者笔下的妙处。

二、高校英语翻译教学中的跨文化因素

文化与翻译之间的密切关系是不言而喻的，翻译深受文化差异的影响，同时高校英语翻译教学也受文化差异的影响。对此，在高校英语翻译教学中要注意文化差异所产生的影响。

（一）思维方式差异的影响

不同的民族有着不同的思维方式，具体表现为，英语民族擅长抽象思维，习惯用抽象的概念来表达具体的事物。但汉民族则习惯具体思维，常用具体的事物来表达抽象的概念。因此，在翻译实践中就要根据译入语的思维习惯对原文进行改动。例如：

Is this emigration of intelligence to become an issue as absorbing as the immigration of strong muscle？

知识分子移居国外是不是会和体力劳动者迁居国外同样构成问题呢？

上述原文中，intelligence 的基本含义为"智力，理解力"，muscle 的基本含义为"肌肉，体力"。如果直译为其基本含义必然会造成言语不通，所以译文并没有进行死译，而是灵活地将它们译为了"脑力劳动者"和"体力劳动者"。

（二）礼貌原则的使用影响

在英语翻译工作中，跨文化语用失误是翻译失误中的主要内容。人类社会文明的发展中，礼貌性的表达是人类文明进步的里程碑，同时也是人类交际的基本准则，在英语翻译过程中应坚持礼貌的翻译方式。在英语翻译过程中礼貌英语的缺失，将直接影响翻译的质量。例如在"我告诉你去那里"的翻译中，"I told you to be there"和"Let me tell you to be there"的两种翻译方式中明显后一种更加礼貌，并且被接受程度更高。因此在进行翻译时应结合说话者的文化背景以及礼貌原则进行翻译，避免由于文化差异引起文化冲突。在具体的翻译过程中根据翻译内容的具体语境选择礼貌性的语言进行表达，从而保证英语翻译的质量和效率。

三、跨文化交际视阈下高校英语翻译教学的创新方法

基于跨文化交际视阈，高校英语翻译教学在遵循科学教学原则的基础上，应优化教学方法，采用创新的教学方法来提高教学效率，提升学生的翻译能力。

（一）翻译策略讲解法

翻译的进行需要相应的技巧来依托，所以教师在教学中应向学生传授各种翻译策略，帮助学生更好地处理翻译中遇到的问题，避免产生错译或误译，确保翻译的有效进行。通常，翻译策略包括直译、意译、增减译等，这些翻译策略相对简单，因此在这里不多做介绍，下面将重点介绍文化翻译策略。文化翻译策略具体包含以下几种。

1. 归化策略

归化策略是以目的语为中心，主张用目的语来代替原文中相异于目的语的要素，从而确保译文通俗易懂。在采用归化策略时，译者会以目的语读者为中心，常采用自然流畅的本族语言进行翻译，这种翻译策略可使译文更加生动地道。例如，"The man is the black sheep of family."如果直译为"那人是全家

的黑羊"会使人非常迷惑，但译为"害群之马"，其意思便十分明了。

采用归化策略进行翻译，可有效消除不同文化之间的隔阂，尤其是在目的语中找不到与原文相对应的表达时。例如：

You seem almost like a coquette, upon my life you do——They blow hot and cold, just as you do.

你几乎就像一个卖弄风情的女人，说真的，你就像——他们也正像你一样，朝三暮四。

原文中 blow hot and cold 其字面意思是"吹热吹冷"，但这样翻译显然是不正确的。实际上，这一表达源自《伊索寓言》，是指一个人对爱人不忠诚。采用归化策略将其译为"朝三暮四"，更能清晰表达其含义。

2.异化策略

异化策略是指译者不打扰作者，让读者向作者靠拢，即译者对源语文化进行保留，并尽量向作者的表达贴近。受不同思维方式与文化背景的影响，不同民族对同一事物的认知存在明显的差异。译者在对具有丰富历史色彩的信息进行翻译时，应尽量保留其文化背景知识，而采用异化法有助于传递源语文化，保留异国情调。例如：

As the last straw breaks the laden camel's back, this piece of under-ground information crushed the sinking spirits of Mr.Dombey.

正如压垮负重骆驼脊梁的最后一根稻草，这则秘密的信息把董贝先生低沉的情绪压到了最低点。

上例将原文中的习语 the last straw breaks the laden camel's back 进行了文化异化翻译，汉语读者不仅完全能理解，还可以了解英语中原来还有这样的表达方式。

3.归化与异化互补策略

归化策略与异化策略相互对应，二者均有自己使用的范围。但有时在翻译文本时只采用一种翻译策略是很难译好文本的，还需要将二者互补并用，才能更好地进行翻译。

归化策略和异化策略二者并不矛盾，而是各具优势、相辅相成。这就需要译者在翻译过程中，根据具体语境综合运用这两种翻译策略，从而使译文既保留本民族的文化特色，又便于读者理解。例如：

I gave my youth to the sea and I came home and gave her (my wife) my old age.

我把青春献给了海洋，等我回到家中见到妻子的时候，已经是白发苍苍。

上述译文同时采用了归化和异化策略，将原文含义准确、恰当地表达了出来。

（二）翻译技巧介绍法

1. 词汇翻译

对普通词汇的翻译，一般需要考虑词汇的搭配、词汇的词性、词汇上下文关系、词义的褒贬与语体色彩等层面。下面就对这几个层面加以具体分析。

（1）确定词汇搭配

由于受历史文化的影响，英汉两种语言都有各自的固定搭配。因此，译者在翻译时应多加注意这些搭配。例如：

heavy crops 丰收

heavy road 泥泞的道路

heavy sea 汹涌的大海

heavy news 令人悲痛的消息

浓郁 rich

浓茶 strong tea

浓云 thick cloud

浓眉 heavy eyebrows

（2）弄清词性

英汉语言中很多词汇往往有着不同的词性，即一个词可能是名词也可能是动词。因此，在进行翻译时，译者需要确定该词的词性，然后再选择与之相配的意义。例如，like 作为介词，意思为"像……一样"；like 作为名词，意思为"英雄、喜好"；like 作为形容词，意思为"相同的"。下面来看一个例句。

I think, however, that, provided work is not excessive in amount, even the dullest work is to most people less painful than idleness.

然而，我认为对大多数人来说，只要工作量不是太大，即使所做的事再单调也总比无所事事好受。

上例中，如果将 provided 看作 provide 的过去分词来修饰 work，从语法上理解是没有问题的，但在意义上会让人产生困惑。如果将其看作一个连词，翻译为"只要、假如"，那么整个句子的含义就很容易让人理解了。

（3）考虑上下文

上下文之间存在着紧密的关联，这种关联构成了特定的语言环境。正是由于这种特定的语言环境，才能帮助读者判定词义，并且衡量所选择的词义是否准确。事实上，不仅某一个单词需要从上下文进行判定，很多时候一个词组、一句话也需要根据上下文来判定。例如：

Fire！

火！

上例可以说是一个词，也可以说是一句话。如果没有上下文的辅助或者一定的语境，人们很难确定其含义。其可以理解为上级下达命令"开火"，也可以理解为人们喊救命是因为"着火了"，但是要想确定其含义，必须将其置于具体的语境中。

（4）分析词义褒贬与语体色彩

词义既包含喜欢、厌恶、憎恨等感情色彩，又包含高雅、通俗、庄严等语体色彩，因此在翻译时需要根据上下文来进行区分，并且将其代表的情感色彩与语体色彩体现出来。例如：

An aggressive young man can go far in this firm.

富有进取心的年轻人在这家公司前途无量。

显然，通读完这句话就可以得知，句中的 aggressive 的情感色彩是贬义色彩。

在进行句子翻译时，首先要了解英汉句子的差异，这对翻译工作具有重要指导作用，其次要恰当运用翻译技巧，这是确保翻译有效进行的基础。

2. 句子翻译

（1）顺译

顺译即按照顺序进行翻译。顺译法并不意味着每个词都按照原文的顺序进行翻译，允许小范围局部的词序变动。顺译法通常适用于英语表达顺序与汉语表达顺序基本一致的情况下。例如：

As soon as I got to the trees I stopped and dismounted to enjoy the delightful sensation the shade produced: there out of its power I could best appreciate the sun shining in splendor on the wide green hilly earth and in the green translucent foliage above my head.

我一走进树丛，便跳下车来，享受着这片浓荫产生的喜人的感觉：通过它的力量，我能够有心情赏玩光芒万丈的骄阳，它照耀着开阔葱茏、此起彼伏的山地，还有我头顶上晶莹发亮的绿叶。

显然，在翻译时，译文按照原句的顺序来翻译，当然并不是字字翻译，而是有些许的变动。同时，译文也体现了汉语的独立分句的表达习惯，也易于汉语读者理解。

（2）逆译

逆译即逆着原文的顺序进行翻译，因此通常从原文后面部分开始翻译。逆译法通常适用于英汉表达顺序存在较大差异甚至完全相反的情况下。例如：

What was beyond my expectation was that they spent their honeymoon in a luxury hotel.

出乎我意料的是他们的蜜月是在一家奢华酒店度过的。

如前所述，这种翻译技巧的产生主要是从英汉的语序差异来考虑的，即英语句子为前重心，而汉语句子为后重心，体现了汉语的表达习惯。

3. 修辞翻译

语言是表达思想的一个重要工具，而修辞是语言的艺术。在语言应用中，修辞格起着非常重要的作用，其不仅可以使句子更加铿锵有力，还使得语言表达更加鲜明、生动。由于英汉两种语言有着悠久的历史，它们各自的修辞方式也是非常丰富的，但由于思维方式、风俗习惯等差异的存在，导致修辞方式在运用上有相同也有相异的地方。

（1）直译法

在英汉两种语言中，明喻(simile)、隐喻(metaphor)、拟人(personification)、

夸张（hyperbole）等修辞格是常见的修辞格，对这些修辞格的翻译，我们可以采用直译的方法，这样才能做到神形的相似。例如：

In his dream he saw the tiny figure fall as a fly.

在他的梦中，他看见那小小的人影像苍蝇一般地落了下来。（明喻修辞）

The red flower smiles to the sun.

鲜红的花冲着太阳微笑。（拟人修辞）

显然，从上面的例子可以看出，英汉语在这些修辞格的运用上存在着相似性。

（2）意译法

由于英汉语在思维方式、行为习惯等层面存在着差异性，在修辞格的运用上也会存在一些不同的地方，对这些修辞格的翻译，我们可以采用意译法进行表达。具体来说，可以采用如下几种技巧。

其一，转换修辞格。所谓转换修辞格，就是译者在进行翻译的时候，需要将一些修辞格转换成另外一种修辞格，这样便于读者理解和把握，同时有助于增强语言表达的感染力。这一类的修辞格主要有矛盾修辞（oxymo-ron）、头韵（alliteration）等。另外，还有一些修辞格在汉语中是不存在的，这时候就不能机械地采用直译的手法，而应采用其他合适的修辞格展开翻译。

矛盾修辞是将意义相反或者看似矛盾的词语进行搭配，从而构成修饰关系，以对事物的复杂性与矛盾性加以强调。虽然读者乍一看可能觉得不合逻辑，但是仔细分析又觉得很有道理。例如：

bad good news 既坏又好的消息

bitter-sweet memories 苦甜参半的回忆

这种修辞格在汉语中不常出现，因此在翻译时要采用灵活的方式进行处理，从而保证行文的流畅性。

头韵是指一组词、一句话中的开头音重复出现的词，是英语中常见的修辞形式，用来对语言的节奏感加以增强，对语言的旋律进行美化。现代英语中头韵常常出现在谚语、散文中。在翻译的过程中，需要根据不同的情况加以选择。

其二，更换比喻形象。不同的民族其比喻形象有着不同的内涵，并且少数事物有着其自身特有的典故，因此在对英语修辞格进行翻译时，译者可以更换比喻形象，避免发生偏离。例如：

as timid as rabbit 胆小如鼠

在中国，兔子是敏捷的动物，但是西方人认为兔子比较胆小，因此在翻译时我们需要了解这一形象，明确英汉文化对兔子的不同认识，从汉语的习惯出发，翻译成"胆小如鼠"更为妥当。

其三，增加用词。在翻译的过程中，我们往往需要从原文的意义与语法进行考虑，增添一些词或者短语，从而保证与原文的思想相符合。

Success is often an idea away.

这句话如果直译的话可以翻译为"成功往往只是一个念头的距离"，这样的表达与汉语的习惯不符，因此我们可以增加"与否"，翻译为"成功与否往往只是一念之差"，这样的行文才更为流畅，才能让读者理解。

总体而言，随着高校英语教学改革的发展，文化教学开始融入英语教学，成为高校英语教学的一种发展趋势。对此，高校英语阅读、写作和翻译教学都应更新观念，转变视角，站在跨文化交际的视角下来丰富教学内容，优化教学方法，从而培养学生的文化素养，提高学生的语言能力，促使学生成为优秀的跨文化交际者。

第七章
高校英语教学中跨文化交际能力的培养

第一节 跨文化交际能力培养的认知

一、明确合理的教学目标

高校英语跨文化教学的目的，是培养英语学习者在进行跨文化交际时能够用得体合适的英语民族的语言与文化进行交流的能力。因此，需要学生对目的语言的词汇的极为丰富的义化内涵有所了解与认识，这样才能够更好地掌握目的语言的使用规则。经验表明，相较于结构规则而言，语言的使用规则，则要显得更为重要。在跨文化交际中，若仅依靠语音、语法、语调的正确流畅运用，这是不够的，根本就无法保证跨文化交际的顺利进行与完成。高校英语的跨文化教学，不仅仅是帮助学生认识了解到英语民族的人们观察世界的方式和思考问题的方式，更为重要的是，还能够协助学习者运用英语民族的视觉与思维方式来表达其所看到的事物、行为习惯等，以便真正学会用得体的语言与方式同英语民族的人们顺利地进行跨文化交际。

此外，除了一定的应用能力的培养之外，对于异域文化的敏感度以及容忍度，在很大的程度上也决定着跨文化交际的成败。学习者不仅仅要对异域民族的生活习惯、思维方式、认识模式以及合作态度等有所认识与了解，更需要对自己的交际对象所拥有的文化背景与风俗习惯等有着一定的敏感度与包容性。在跨文化交际过程中，交际者最容易犯的一个错误便是以自己母语文化的视觉去审视目的语言的民族文化与思维习惯，而不去深入探究隐藏在文化表象背后的深层内容。因此，这就需要教师尽可能多地为学生创造一些真实的文化体验情境，通过直接的经验感受，引导着学生们对隐藏在文化背后的深层含义有更为深切的解读与理解。同时，还可以通过参加培训班等多种方式来拓宽体验渠道，引领着学生们能够用目的语言的文化思维去进行思考判断，以更好地提升学生的文化敏感性、包容性以及面对着不同民族之间存在的文化差异处理的灵活性，从而确保跨文化交际的顺利成功进行。与此同时，对于学习者来说，在提升他们对外来异域文化进行吸收学习借鉴的同时，也能够将自己本民族的优秀文化传统传播出去，从而成为融会贯通中西方文化的学者型人才，这既是当前外语教学面临的大势所趋，同时，也是高校英语进行跨文化教学的最终目的所在。

跨文化交际能力的培养，是高校英语教学目标中面临的新的任务，从这一目标中我们可以看出，英语社会功能的进一步演变，是顺应全球经济、政治、文化一体化发展态势要求的，是体现英语社会功能的一个层面，充分表现了高校英语教学所具有的社会功能服务性的一个层面。但是，这一高校英语教学的新的目标的制定与确立，也对我们的高校英语教学提出了新的要求，更新高校英语教学理念、改革外语教学的体系，这已经成为当前高校英语教学必须面对的问题与挑战。

二、正确处理高校英语跨文化教学应面对的三种关系

（一）本土文化同英语文化的关系

在全球一体化的大的发展态势中，英语被作为"世界普通话"而普遍应用。其具备两个层面的含义：第一，是由全世界的英语使用者来共享的；第二，包含着各种具有地域特征、文化特征的本土化英语表达方式。

中国，作为世界大国，拥有世界上学习英语人数最多的人口，对于中国的英语学习者们来说，学习英语这一具有"世界普通话"之称的外语，一方面，是希望能够通过英语的学习更为广泛地认识世界，了解世界；另一方面，也希望通过英语这一"世界普通话"，将中国介绍给世界各国更多的人，使大家能

够更好地认识中国。因此，英语的学习与交流，这是一个双向互动的过程。但是，在我国的现实情境却是，几乎英语国家的文化引领了中国社会文化的很大一部分潮流，如镌刻有英语国家文化标签的肯德基、麦当劳，还有影视业的好莱坞大片，乃至一些英语国家文化中的传统节日——圣诞节、情人节，等等，这些对中国人以及中国人的生活，都产生了很大的影响。

现在我们的高校英语教学中，强调了英语民族的文化与价值观，却忽略了对于本民族文化传统的传播与发扬，特别是在高校英语学习的过程中，中国本土母语文化极为单薄，以至于在进入跨文化交际过程中时出现了交际者对于中国特有的文化传统表达的困难。这就提醒我们，在高校英语跨文化教学过程中，如何才能够更好地解决本土母语文化与英语民族文化之间的关系，是高校英语跨文化教学极为重要的一个课题。那么，这就要求我们必须做到：

首先，对于本土母语文化以及学生们对于母语的学习给予足够的重视。语言不仅仅是一个民族的特征，而且还是这一民族历史文化背景、人生观、价值观以及思维方式等的深刻蕴含。就我们中国人来说，汉语是从我们出生时候就伴随着我们的母语，在母语的环境氛围中，我们从小就形成了东方民族汉语式的认知方式，因此，在跨文化交际过程中，宣传发扬具有中华民族特色的优秀文化，是我们每一个汉语民族语言的人责无旁贷的责任。

其次，必须承认"中国英语"存在的客观现实性，并且要有意识地将"中国英语"提升到国际交流的水准。就目前来看，英语作为"世界普通话"，被世界各族人民广泛地应用，因此，在被应用的过程中，必然会受到各民族文化的影响，从而形成一些不同类型的英语变体，其中，"中国英语"就是现象之一。不过需要注意的是在使用"中国英语"的时候，有几点必须要注意的问题：第一，就是"中国英语"的使用一定要具有相当的可接受性，中国人在用英语表达具有中国特色的事物时，尽量要用英语民族的思维方式与语言习惯来进行表述，使其能够被英语民族的人接受；第二，用英语来对具有中国特色的节日文化进行适当的表达，例如清明节、中秋节、端午节等；第三，当在跨文化交际过程中发生源于民族文化的矛盾冲突时，要尽量用英语民族的思维方式来进行解释，使其成为英语民族能够接受的表达方式，能被英语母语的人所理解，从而实现跨文化交际顺利进行的目的。

最后,在编写英语教材时,也要适当地加入一些中国传统文化作为英语学习的素材,而不是全部照搬西方传统与价值观念的文章做学习素材。在高校英语的跨文化教学课堂上,甚至老师都可以有意识地将英语民族的文化同母语文化进行对比分析,对两个民族文化形成时的不同的文化背景、语言形式进行深入的探讨,以加深学习者对于两个民族文化之间存在的异同性的对比认识,从而在更高的程度上加深学习者对于语言文化的不同的理解与认识。同时,还要善于积极利用母语文化的正迁移作用来帮助学习者更好地掌握英语语言。

总而言之,在全球一体化的发展大势下,我们的高校英语跨文化教学要十分注意对于母语文化与英语民族文化的关系的平衡处理,在教学过程中导入英语民族的文化传统的同时,也不忘对于母语文化的学习与宣传所应有的责任与担当。跨文化交际是一种双向的交流过程,英语交际,同样也是一个双向交流,我们的高校学生完全可以通过英语的学习,来培养自己跨文化交际能力、国际理解能力,从而寻求到自己在全球化、多元化发展态势中属于自己的发展位置。

(二)英语功用性与人文性的关系

语言,是人类用来进行交际的工具,同时,还是一个民族文化的承载者,在语言的身上集中体现了某一个语言集团的文明成果。因此,作为语言之一的英语,同样具有人文性与功用性的双重价值。从功用性的层面来看,英语作为人类用来认识世界、与世界进行沟通的工具,具有其实用的功用性价值的一面。从人文性的层面来看,英语作为人类文明成果的传承者,对于人类社会的文化传承、人文教学与人格塑造等等方面都有着很大的作用。在高校英语跨文化教学过程中,学生透过人文学习语言,再透过语言学习人文,在一种潜移默化的氛围中来使学生们受到感染熏陶,暗示引导,从而逐渐形成一定的心理积淀,在此过程中形成了质文相宜的人文素养。

当然,现在的中国社会中,英语作为一种同世界进行沟通交流的手段与方式,极为流行。分析其主要原因,就是因为英语所具有的使用价值。简单地说,一个人的英语水平,直接同他的升学、晋级、留学、就业紧密结合起来,甚至，在某种程度上还关涉到一个人的社会地位。而在一个存在着激烈竞争的商业社会中，由于经济飞速发展带来的后果就是人们将追求物质财富作为社会的普遍价值，现代的人们更为倾向于用一种急功近利的标准来衡量判断事物与行为。在这样大的背景下，中国人的英语学习热潮，自然是同他们所急于求成的就业、升职有着密不可分的关系。英语所具有的实用性，是高校英语教学的一个重要组成部分，占据着极为重要的位置，以至于很多高校的英语语言文学教学专业也在突出强调语言课程的实用性，而淡化语言的文学性。那么，在外语本身和市场经济功利原则的支配下，外语教学极为容易走向重其"制器"，轻其"育人"。因此，学生人文素养的提升，已经成为当前我国教学中亟须解决的问题。

高校英语教学过程中所设置的各种考试与量化标准，也许可以用来对学生的学习知识技能进行检验考核，但是却很难真正对学生的人文素养进行判断。在这里不得不强调的一点是，英语教学过程中，英语功用性的一面，我们得给予足够的重视，但与此同时，英语教学所具有的人文性的一面，也必须要给予相当的关注。英语所具有的功用性同社会的经济紧密相连，但是，人类社会同时还包括有政治、文化等多个方面的内容，是一个复杂的整体。尤其是在全球化发展的背景下，各种文化形式的碰撞与交流，中国与外来社会的交际，越来越全面多元化，而在其中，文化就是主要的一个交流项目内容，而且对国际间的交流起着重要的推动作用。此外，英语本身就是一种具有本民族历史传统与现实文化场景密切相关的文化内容，就如美国语言学家凯齐卢（Kachru）曾经所言的那样："一个国家的语言、文化和教学是相互联系的，如果无视特殊的文化背景和国情，孤立看待语言问题会迷失语言的整体性。"

21世纪，是一个全球一体化、多元化发展的时代，在这个伟大的时代中，我们的高校英语教学不应仅仅将关注的目光投注在英语语言技巧与知识的教学中，还应注重对于英语语言及应用民族所包蕴的深邃的文化内涵的学习，从而在此过程中培养学生们的跨文化交际能力、对异域文化的敏感性、包容性以及跨文化交际所需具备的价值观与国际理解能力。作为21世纪国际一体化背景中的公民，需要具备一定的能够同具有不同文化背景、来自不同政治制度、不同社会国家的人进行交际的能力。英语作为全球通用语言，我们学习英语的主要目的之一就是希望通过这种国际通用语言，能够开阔视野，从而推动生命个体在世界多元化发展过程中的生存与发展。这样，就应该在我们的高校英语课程的开设过程中，积极提倡对于英语语言文化素养、文化课程的培养与开设，通过高校英语的文学、文化课程的开设，来引导学生们进行人文意识、人品分析，进行人文素养的渗透，从而使英语学习的功用性与人文性相统一。

（三）语言教学与文化教学的关系

早在 20 世纪 70 年代就有人提出，在外语教学中应该融入文化教学，主要是因为：第一，在同运用另一种语言进行交际的人进行交流时需要用到的不仅仅是这一民族的语言知识技巧，同时，对于这一民族语言的文化习惯的理解也有着一定的依赖性；第二，跨文化作为一种素质培养，本身也是现代教学的一个目标所在。若是学习一门外语却不能够对其深邃的文化内涵有所理解，那么，所有的努力就显得有些徒劳了。任何一个民族的文化传统与生活方式乃至于民族心理，都有其固定的思维习惯与思维模式，而这一切的形成，都同语言的积累传承有着密不可分的关系。

语言同文化有着密不可分的关系。在学习语言的同时，其实也就是在对一种文化进行学习的过程。任何一个民族语言的身上，总是体现着这一个民族的文化传统。因此，在学习语言的过程中，却对这一民族的文化没有什么理解，这真是很不可理解的事情。综观语言同文化的关系，语言不仅仅是文化的体现者，还是文化的组成部分。一个民族的语言是同其文化相对应的，语言与文化之间彼此紧密相连，共同作用。

因此，学习一种语言的时候，不理解其文化，对于该语言就很难理解；而如果要很好地理解文化，则需要具备其良好的语言基础。扎实的语言基础，是理解文化深邃意蕴必备的。当然，对于语言同文化之间的这种密切关系，现在学生与老师都有了一定的认识与理解，即良好的语言基础对提升跨文化交际具有很大的作用。在跨文化交际中，语言能力与文化素养是两个必备的素质。

不过，在具体的高校英语教学实践中，语言与文化这种彼此相依的紧密关系仍然没有得以很好的实践应用。在教学实践过程中，一般对语言的知识技术性比较突出强调，但却没有足够地重视英语学习的文化性，使语言与文化成了隔离的状态。而且，长期以来，学生的学习与老师的教学重点都停留在语言的语法、词汇教学考试的层面，很少就语篇的整体结构、跨文化交际的素养给予关注，这样，在高校英语的跨文化教学过程中，处理好语言与文化的关系，就显得极为重要。

这是因为，第一，语言与文化的教学应该是一个同时共进的过程。教师在进行语言教学的同时也不能忽略文化教学。具体表现就是语言学习机制同文化学习机制同步进行，相互协调，形成一种"自我疆界"。文化的学习就是为了超越这种"自我疆界"，或者是至少要使这种"自我疆界"有所拓展，从而使这两种语言的文化在交流时不会产生障碍。学习者能够真正以目的语言的思维方式、目光视野来对问题进行思考、认识、理解，真正达到移情的理想境界，从而以获得全新的"自我认同"。

第二，语言教学与文化教学相互依存，互为条件。要想对一种文化有深入了解，必须首先对这种文化的语言有深入的认识与掌握。同时，若想更好地掌握一种语言，首先就必须对这一语言的文化有深入的认识。没有语言的文化教学，是无源之水；没有文化的语言教学，则是枯燥乏味。若是从培养学生的能力素质层面来看，只重视语言的讲授而不进行文化的培养，学生能够学到的只有机械的语言知识与技巧，就不可能进行合适得体的跨文化交际。文化教学对于拓展学生们学习语言的深度与广度具有重要的意义作用，能够极为有效地提升学生们学习语言的效果。

第三，语言教学和文化教学又是相互兼容，不可分离的。语言和文化是一个整体，无论我们在进行语言教学的时候运用哪种教学方法，都离不开一定程度的文化教学。根据现代教学理念的观点，语言教学只有同文化教学成为一个有效的整体，才是真正意义上的现代教学。

在高校英语的跨文化教学过程中，语言同文化成为一个有机的整体，这是高校英语跨文化教学的最高目的，在此过程中，有效地培养学生们的跨文化交际能力与素养。

第二节 跨文化交际能力培养的情感体系

一、英汉文化并重，消除"中国文化失语症"的影响

在全球化发展的背景中，我们中国的发展需要引起世界的关注目光。我们的高校英语跨文化教学并不是为了使学生们最终归于英语民族文化，也不是为了使母语文化与英语民族的文化在学生们的身上实现简单的叠加，而是为了使两种文化在学生们的身上形成一种良好的互动，从而使学生具有一定的文化创造能力。

高校英语跨文化教学过程中，需要关注将英语民族文化融入英语语言的教学之中，并且最终实现双向教学导入的原则。在一种母语文化与目的语言文化并重的学习氛围之中，本民族的母语文化才能够同英语民族的文化在学习者身上更好地形成一种互动作用，从而激发出学习者的文化创造力，加深和拓宽学习者对于本民族母语文化的认识与理解，帮助学习者在立足本民族语言文化的基础上更好地、更为深入地进行跨文化交际与学习，提升他们的跨文化交际能力，更好地培养他们的跨文化意识。

因此，无论是教学主管的各级部门，还是学校教师自身，都应该有意识地引导学生在英语的跨文化交流与学习的过程中，注意对于本民族的母语文化的学习与理解表达，注意保持自己的民族文化道德底线，从而消除"中国文化失语症"现象对于跨文化交际的影响性。这就需要：

（一）充分发挥教学主管部门的监督引导作用

我国的教学主管部门首先应该做到的是与时俱进的态度，能够对世界发展态势、跨文化交际过程中出现的问题及动态进行监督引导，从而及时提醒教学界对于跨文化交际中出现的问题给予及时的纠正与应对解决。如何用英语表达中国文化传统特色，应该在各类教学部门的文件与教学大纲中有明确的规定，

从而确保教学部门在高校英语跨文化教学中所具有的监督性与引导作用。而且，这一点要在不同的英语教学层面与测试考核中有所体现，从而确保在英语教学的过程中真正实现中国母语文化的传授与影响，在此过程中，各级教学部门、学术界以及学校都应切实地给予足够的重视，相互协作，使其在教学实践中真正得以切实有效地实行。

（二）提高教师自身的文化素养与教学水平

作为一名高校英语教师，特别是面对着跨文化交际的发展态势，需要具备相当的跨文化交际的背景知识，在对学生们进行中国传统文化事物的英语表达教学的过程中，提升跨文化教学效果。此外，我们的高校英语教师自身不仅仅要具备一定的文化素养与宏观意识，同时，还需要有微观方面的具体教学操作能力。比如在教学过程中，教师可以通过有意识地对两种文化比较来进行中国文化的英语表达训练，以此平衡英语文化与母语文化知识内容的授课比例，进一步加强学生们对于中西方文化的认识与理解，提高学生用英语表达中国特色文化与事物的能力。

（三）提升学生跨文化交际的主动性

通过参与一些跨文化交际，对于培养跨文化交际主动性具有一定的促进作用，在跨文化交际的真实感受过程中领悟跨文化交际的深刻含义。无论是学校还是老师，都应该积极鼓励学生们抓住一切参加跨文化交际的机会，积极参加一些国际性的文化交流活动。例如一些国际性的赛事，都需要一些志愿者。这对于学生来说，是很难得的跨文化交流的机会，希望教师与学生们能够积极关注有关方面的信息，积极参与。

通过跨文化交际活动的参与，能够使学生们注意培养自己的母语文化的英语表达能力，在跨文化交际中树立起自己对于本民族文化的英语表达的自信心，最终实现跨文化交际的目的，将中国的文化传统传播给世界，让更多的人认识和了解中国。

二、树立语言、文化平等观,加强学生文化移情能力的培养

(一)树立平等意识

不同的民族与不同的文化之间的相互交流,对于丰富彼此的文化内容具有很大的作用。但是,这种交流要建立在平等的基础之上。首先要学生明白,不同文化之间的交流产生的相互碰撞与误解,是很正常的事情,关键是如何处理好这些源于不同文化产生的碰撞与误会。

在不同民族文化之间的交流与合作过程中,交际双方要彼此尊重,宽容地对待彼此文化之间的差异性。只有具备了这样的态度,才能够真正实现不同民族文化之间的交流与合作。跨文化交际,是在两个或者两个以上民族之间发生的文化交流,因此,交流的双方最好能够对彼此之间的文化特性有较为充分的理解与认识,能够充分地尊重彼此的文化习俗,相互理解,共同交流。在高校英语的跨文化教学中,要注意培养树立学生们的文化平等意识,要明白文化交流的双方都是平等的,民族文化之间没有高下之分,任何权威性的民族文化观点与态度,在跨文化交流中都是错误的表现。

无论哪一个民族的文化,都是有着其自身生成发展的原因的,因此,任何一种文化凌驾于另一种文化之上的态度,都是错误的。对于民族文化之间存在的差异性,要能够将其进行很好的协调,使其达到和谐统一,从而实现共同发展的目的。不同民族文化之间的相互交流,必然会促进彼此共同发展创新。如果世界只存在着一种文化,那就根本无所谓发展了,更不会有新的文化的产生。事实上,文化只有一方面保持自己独有的个性特色,另一方面又能够和其他文化相互促进彼此融合共同发展,这样才能够形成一种动态的平衡。

我们进行高校英语的跨文化教学,这是当前跨文化交际的需要,具体目的如下:其一,能够顺利地同英语民族的人进行交流,更好地认识理解英语民族文化的精髓;其二,能够准确流畅地用英语对本民族的母语文化进行传播,使世界各民族的人民对于中国的传统文化有更好的了解与认识,从而有效减少跨文化交际时可能发生的矛盾冲突与误会。那种放弃了发扬传播本民族文化而单向地学习吸纳异族文化的态度是错误的。任何一个民族的文化都有着其各自

的优点与长处，都是这一民族的人民在漫长的历史发展过程中总结积累下来的经验总结。伴随着各民族经济政治发展的全球化态势，各个民族的文化发展也呈现出多元化的特征。因此，在跨文化交际过程中，每一种民族文化都应该注意不断地从其他民族的文化中汲取精华，取长补短，来不断地丰富补充自身文化的不足。高校英语跨文化教学过程中，在学习西方文化的同时，也要杜绝唯西方文化独尊的观念，不能轻视或者是忽略了对于本民族文化的关注。跨文化交际，要以平等的观念与态度对待交际双方的民族文化，这样才能够更好地取长补短，进行交流，实现合作，达到共同繁荣。

这是一个文化多元化发展的时代，为了适应这一时代特征，我们必须引导学生能够打破母语文化与英语民族文化的禁锢，以一种包容的姿态来对待异族文化，对于不同民族文化之间的差异性，能够做到宽容、理解、尊重，并且积极地在不同之中寻找相同之处，建立起语言文化平等的观念，在处于动态的跨文化交际过程中，对于文化的参考框架进行随时调整，彼此之间相互协商，积极构建跨文化交际的平台，从而顺利实现跨文化交际的最终目标。在高校英语跨文化教学过程中，应该积极推动学生接触多种民族文化，以便更好地增长学生们的文化见识，而不是仅局限于对英语民族文化的认识与学习。培养学生动态的、主动适应多元化交际的意识，是我们高校英语跨文化教学培养跨文化交际人才的最终目标。

（二）培养学生的文化移情能力

1. 文化移情

文化移情，是指跨文化交际过程中，交际者能够以目的语言的思维观念来看待问题，用对方的立场观点来思考交际中出现的事物，交际者能够有意识地超越本民族母语文化的思维定式，超越母语文化对于自己思维观念的制约，从而能够以一种超越的观点态度来对待、感受、体验、理解目的语言的民族文化。在跨文化交际过程中，文化移情是一种极为有效的沟通交流能力，是能够将交际者的语言、文化与情感连接起来的桥梁纽带。

有效的跨文化交际中，文化移情能力是指交际者尽量置身于另一种文化情境中，以另一种文化的思维模式去设身处地地思考，通过语言及非语言的形式去体验、表达，从而向交际对象表明自己已经完全理解了交际的内容。具体来说，文化移情主要有两个方面的表现，一个是语言语用方面的移情，也就是指说话者有意识地使用某种语言向交际对象表达或者是传达自己的某些意识，以便使倾听者能够正确地理解自己想要表达的意思。另一个是社会语用方面的移情，指交际者双方都能够立足于对方民族文化的观点与思维方式上去看待事物，设身处地地为对方着想，能够尊重彼此的民族文化习俗，对于两种文化之间存在的差异性，也能够以足够的宽容的态度去面对。一个具备文化移情能力的人，一定是一个能够与时俱进的学习者与具有开放的文化价值观念的思考者。

可以毫不夸张地说，文化移情能力对于跨文化交际的成败有着直接的相关作用。因为跨文化交际双方之间存在的文化性差异，交际双方在各自的民族文化成长环境中形成了各自的思维模式、价值观念、风俗习惯等方方面面的固定模式，因此，在进行跨文化交际时发生一些矛盾冲突是不可避免的，但是，对于那些具有较强文化移情能力的人来说，发生矛盾冲突时，就能够以对方的立场来看待解决问题，从而较为有效地避开容易发生冲突的地方，使跨文化交际能力顺利进行。

2. 文化移情能力的培养

文化移情能力的培养，首先是对学生文化敏感性与宽容性的培养。交际者首先应该客观地正视跨文化交际双方之间存在的文化差异性，因为这种文化的差异性而导致的彼此之间的价值观念、思维方式、文化习俗等方面的不同。为了保证跨文化交际的顺利进行，需要交际者对于交际对象的社会文化中所遵循的交际规则、语言表达方式等有深入的理解与认识。跨文化交际中的敏感性的提升，主要就是对于交际对象的文化感知性的提升。我们之所以在跨文化交际过程中比较容易产生误会冲突，是因为在文化感知方面出现了问题。跨文化交际研究理论认为，有五种社会文化因素，分别是信仰、价值观、心态系统、世界观和社会组织，共同作用并对人类的感知产生着极为重要的影响。具体来说，文化移情能力的培养，最好的方法就是到目的语言的国家去生活一段时间，这样可以从方方面面对这一民族有一个全面的体验与认识，像语言的使用，究竟有什么样的风俗习惯、文化传统需要遵循，等等。若是没有能够到目的语言国家去生活体验的机会，可以通过观看目的语言国家的视频录像等方式来弥补一下不足，通过影像资料对目的语言国家的民族文化习俗等有一个较为全面的理解与认识。任何一个民族的文化，都有着其漫长而又悠久的历史积淀，是一个民族智慧与实践经验的总结，因此，语言是没有高低贵贱的分别的，我们应该以一种平等的眼光与价值观念来对待不同民族的语言。在跨文化交际过程中，进入交际的双方，应该用一种平等的态度来对待彼此的文化传统，更好地理解认识异国文化，并且对其持有尊重包容的态度，超越自我民族主义思想观念，这样，才能够真正实现文化移情。

具体来说，跨文化交际过程中的文化移情过程可以按以下六个步骤进行：

（1）承认文化的差异性存在。我们生活的世界是一个多元化的世界，根据不同的人看待世界的眼光的不同，世界呈现出不同的面貌，因此，无论是个体还是文化之间，都存在着很大的差异性。

（2）认识自我。能够对自己进行客观公正的评价与分析。

（3）超脱自我。想象自己已经超脱物外。

（4）体味对方。将自己想象成目的语言对象，能够设身处地、真正进入到对方的立场去体验、理解目的语言的文化。

（5）准备移情。充分做好移情的准备，与时俱进地持有一种开放的文化价值观念与态度来对待目的语言文化。

（6）重建自我。在充分接受并且认识另一种异族文化的同时，对于本民族的母语文化也有着相应的清醒的认识与对待，对于本民族的母语文化优势有着清醒的认识。

总而言之，文化移情是多元化文化发展交流中实现顺利交流最为有效的途径，若想在跨文化交际过程中超越不同民族文化之间的差异性障碍，顺利进行文化交流，文化移情是其必要的渠道。不同的民族文化，彼此之间都具有平等性，因此，文化移情要遵循适度的原则。任何一个民族在跨文化交际中都有权利维护本民族的文化尊严，做到不卑不亢。

在高校英语跨文化教学中，对于学生们的文化移情能力的培养应该给予足够的重视，这是高校英语教学的一个重点。高校英语教师应在正确的移情理论的指导下，充分利用课外时间，通过设计各种英语跨文化交际实践情境，将学生带入到真实的跨文化交际场景中，锻炼学生们的语言运用能力与英语民族的文化知识认识理解能力。如英语演讲比赛、英语歌曲比赛、办英语手抄小报，等等。随着网络的发展，学生们还可以通过网络同外国朋友视频、聊天、交朋友等。这些活动对于增强学生们的文化移情能力、培养文化移情意识具有极大促进作用。

第三节　跨文化交际能力培养的行为体系

一、高校英语跨文化教材的编写

高校英语跨文化教学所用的教材，是教学的主要内容承载者，是教学的主要依据与导向，高校英语跨文化教学任务的完成，高校英语教材起着关键性的作用。

（一）教材应体现文化内容与语言内容的自然融合

高校英语跨文化教材内容的编写与安排，最好能够以文化作为单元，教材中的每一个部分都有一个鲜明突出的文化主题，通过语言的运用，在潜移默化的文化氛围中影响学生，熏陶学生，使学生在文化的浸染中熟练地掌握英语民族的文化与语言的使用规范。张红玲曾经说过，语言内容同文化内容的有机结合，是跨文化交际外语教学的核心思想。语言同文化都是教学的目的与手段，两者不可分割。教材中，系统的文化主题构成主线，语言教学的内容实际上同这些文化内容融为一体。

与此同时，我们高校英语跨文化教材的编写与安排，还要注意关于培养学生批判性思维方面的技能。对于英语民族的文化传统及事物，能够用一种批判性的审视目光与思维方式进行接受，从而更为深入地体验感受母语文化同英语民族文化的差异，培养学生有效地进行文化沟通的能力。教材所选的内容要积极向上充满正能量，将人类共同的优秀精神文化财富通过潜移默化的形式传授给我们的学生，对学生们的价值观、人生观等形成正面的积极的影响作用。

具体来说，在高校英语跨文化教学的教材内容选择方面要把握好以下几点：

（1）选取那些和英语国家有关的历史文化、政府机构、经济教学、民族风俗等方面的知识内容，这对于学习者更深入地理解认识英语民族的文化特色有一个全面的帮助。

（2）从母语文化中选取一些较有文化特色的侧面介绍，以便帮助学生们更好地、从较深的层面进行英语民族文化与母语文化的比较，从而更好地培养学生对于母语文化同英语文化之间的差异性的敏感度与感知能力。

（3）努力拓宽文化比较的涵盖面，在选取内容时不要局限于母语文化同目的语言文化的比较，还可以关注主流文化同非主流文化之间的比较，使学生在意识中对主流文化和非主流文化放置到同等的地位进行理解与尊重。

（二）教材内容的选取要注意真实性、语境化、多样化

能够适合高校英语跨文化教学的教材，一定要遵循教学材料真实化与语境化的原则。这是因为，只有在真实化的语言教材的基础上，才真正能够刺激到学生对于所学内容从认知、心理、态度、行为等方面产生一定的反应与感受，才能使学生具有较为真切的跨文化交际的体验感受。这里所说的教材内容选择的真实性，指的是所选内容在现实生活当中是切实用到的，而不是只为教学设计出来的。语言同文化之间的密切关系已经是被大多数学者专家认可的事实，无论哪一个民族的语言，是根本不可能离开其所产生发展的文化环境而单独存在的。只有充分地考虑到语言所置身的文化环境，才能够对语言有深入的理解与认识。

因此，我们在编写跨文化教材的内容时，应该注意选取那些和学生日常生活密切相关的或者是学生们重点关注、感兴趣的热点问题与内容，不仅要具有真实性与情境性，还必须具备相当的文化性与人文精神性。也就是说，高校英语跨文化教材编写选择的内容应具有原汁原味顺畅自然的英语文章，主题紧扣有关东西方文化差异性、沟通技能等方面，语境尽量为英语民族语言运用时的真实语境，总而言之，所有的文化信息都是有关文化系统中的意义信息。

此外，在教学过程中，还要设计大量的同跨文化交际有关的练习题，练习题的设计要涵盖有关跨文化交际意识与技能培养等方面的内容，通过实践性的案例来锻炼学生们的语言运用能力、文化知识的掌握以及对于现实语境的适应能力等。还可以结合具体的跨文化交际案例的模拟，来培养学生们在跨文化交际中所需具备的文化敏感性、宽容性以及面对跨文化交际过程中出现问题时的处理灵活性。

高校英语跨文化交际教材的编写，还要注意将跨文化交际过程中动态的人际关系和知识内容及跨文化交际实践具体结合起来，内容从多个角度、多个方面体现跨文化交际特性，注意选取问题时的多样性以及回答问题时的灵活性处理。举例来说，在具体的跨文化交际中，必然要涉及语言知识与非语言知识方面的内容，不同的国家有着不同的文化特性，在同母语比较时呈现出来的差异性也是不同的，不同的民族，其思维方式、价值观念等方面也必然呈现出同母语文化不同的特性。跨文化交际能力的建构与培养，其侧重点是对学生们的文化相对论观念的塑造，以便使他们进入跨文化交际实践过程中的时候，面对着可能产生的文化矛盾与冲突，能够迅速调适自我的情感与态度，进行换位思考，对于跨文化交际过程中的文化多元化问题持宽容友好的态度来面对，从而使学生们能够更为深入地对异族文化有所理解认识，突破文化单一的局限性，使学生能够较为充分理解语言和行为、价值观念同行为规范之间存在的紧密关系，帮助学生透过书本知识进入到真实的现实生活当中，从而从更为本质的层面来认识理解母语文化和目的语民族文化之间存在的异同及其根源所在。最终目的就是培养学生们在面对异族文化时应该具备宽容、开放的态度。对于异族文化的价值观念、思维方式、社会风俗等能够从对方的角度来思考解读。通过各种案例模拟训练，使学生们在课堂上能够真切地感受体验跨文化交际的实践情境，从而为将来学生们进行跨文化交际时可能出现的问题提供应对解决的方法策略指导。

二、跨文化交际教学中的极简主义策略

应用极简主义理念进行跨文化交际教学主要体现在以下几点：

（一）少教多学，化繁为简

极简主义理念颠覆了传统的教学模式，要求将课堂教学的主体从教师转移到学生。教师应减少讲课时间，留更多的时间让学生参与学习实践和讨论互动。少教多学，如何确定"多"和"少"？"少教"并非一味地少讲，若讲得太少，教师资源无法得到充分发挥。对此，可参照对分课堂（PAD）模式，该模式主要是把教学时间分为三部分，讲授（Presentation）、内化吸收（Assimilation）和讨论（Discussion），主张把一半课堂时间分配给教师进行讲授，另一半分配给学生以讨论的形式进行交互式学习。

少教多学的课堂上，如何促进学生多学呢？对于学生来说，少教多学的意义就是要锻炼其自主学习能力，充分发挥其学习的主导地位。以跨文化交际中的言语交际为例，教师可以在课前设置学习任务，要求学生通过预习解决。在切入话题介绍言语交际的概念意义时，展示一些跨文化言语交际的案例，组织学生分组讨论或自由讨论，还可以鼓励学生结合课本理论分析自身的某些跨文化经历，教师根据学生的讨论情况点评并总结。如此一来，学生就会承担起主动学习的责任。

（二）突出重点，整合概念

极简主义的一个重要原则就是重点突出。从认知神经学的角度讲，人脑信息加工的处理模式遵循省力的原则。那些简明扼要、提纲挈领的语言天生受到大脑的青睐。教师通过语言传授知识，学生通过语言理解授课内容。因此，教师的授课要讲重点、有逻辑、主次分明。心理学的联结主义（Connectionism）认为，认知过程是通过神经元所构成的相互联结的网络构成的。学习就是建立新的联结或改变联结间的激活模式。人们对于熟悉的、与自身相关以及故事性强的内容记忆更为深刻。教师若能连通前后学科知识点或跨学科的知识点，激活学生的原有知识储备，学生就能学会融会贯通。

高校学生的课程学习主要是建立基础和培养能力，完整的学科专业知识建构并不十分必要。教师的教学重点应偏重实际应用而非理论。在教学设计时应适当划分学科重点和教材重点，精讲课程内容。授课语言应当简明清晰，一语中的，切忌拖沓啰嗦。跨文化交际中的言语交际、非言语交际、文化价值观、文化休克、礼仪习俗等都是有必要涉及的内容，但有限的课堂时间不可能将知识点面面俱到，这就需要教师根据培养目标作出取舍。教师授课时还可以将这些知识点相互串联整合，例如让学生总结非言语交际与言语交际的区别、用文化价值观的角度解释礼仪习俗等。这种前后知识点的融合，会加深学生的理解和记忆。

（三）激发情感，审美兼容

极简主义的情感原则在于树立主体的在场审美。教师既要激发学生自由的灵性，又要促进他们参与的兴趣，还要尊重他们的体验和感受。师生之间、生生之间自由和谐的情感关系是课堂有序进行的保障。生动活泼、循循善诱的课堂能大大激发学生的创造性。教学过程的实质不但是教师指导下学生个体的一种特殊的认识过程和发展过程，也是一种特殊的审美过程。教学审美意味着，教学活动应该秉持人道主义的、自由的、公平的、生命的价值取向。针对学生的不同体验和见解，教师要用审美的眼光引导学生树立真、善、美的价值取向。

第四节 高校英语跨文化教学的策略

一、跨文化训练的目的

在过去对于跨文化研究的基础上，我们可以总结出，跨文化训练的目的，主要有三个方面：使个人的思想、感情以及个人行为发生改变。

（一）改变个人思想

跨文化训练的认知目的是使参与者的思想有所改变，从而使其达到四项目标，即：能够站到目的语言民族的文化思维角度来认识理解目的语言民族的行为活动；减少对于目的语言民族的负面印象；尽量减少对于目的语言文化的简单化看法，并且尽量寻找一套有效的、系统的方法来对目的语言的民族文化有更为深入一层的认识与理解；通过长期跨文化训练，使接受训练的人能够在意识行为中培养起一种"世界性开放心灵"的交际思维,并且能够对本民族的母语文化有较为深层次的认识与解读。

(二)改变个人感情的反应

跨文化训练在情感层面的训练目标是能够培养起参与者在同目的语言民族进行跨文化交际时,建构起正面的积极的情感建设。在这个过程中包括五个方面的改变:培养参与者能够从心理产生一种欣然的愉悦心情同来自不同民族文化的人进行互动;对于交际者在和来自不同民族文化的人进行跨文化交际互动时可能产生的焦虑心理进行自我调节与去除;能够建构起在和来自不同民族文化的人建立工作关系时的感受;对于被分配的海外任务能够欣然接受并且发自内心地热爱;对于不同的民族之间存在的文化差异能够以宽容、包容的态度来欣然接受。

(三)个人行为上的改变

跨文化训练在个人行为层面上的训练目标是通过有效的跨文化训练,使受训者的个人行为有所改变,以更好地适应跨文化交际过程中同来自不同民族、不同文化的人顺利地建立起友好的交际关系,加强其工作表现及日常的行为互动等以行为为基础的表现。其中又包括这些项目内容:在跨文化交际中能够具备和来自不同的民族的多种文化背景的文化团队建立起友好的交流关系;能够很好地适应并且承受在目的语言国家所需承受的压力;在跨文化交际过程中能够使目的语言国家的人感受到在进行交流时不存在什么沟通性的障碍;能够在跨文化交际过程中具备协助他人同目的语言国家的人建立友好的交际关系。

当然,跨文化训练,要根据受训者所在的专业领域有针对性地进行。来自不同领域的受训者,有着不同的、具体的训练目的及方法,这样才能够更好地满足跨文化训练以及培养跨文化交际人才的切实需求。具体到我们当下的高校英语跨文化训练,是基于语言、文化与交际的一体化理论基石,其核心目的是能够通过高校英语跨文化教学及跨文化培训,使学生们具备一定的跨文化交际的能力。在高校英语的跨文化教学过程中,对于教师有着较高的要求,那就是不仅要具备良好的语言表达能力与深厚的语言功底,还必须具有一定的交际能力与丰富的教学经验,能够较为准确地把握住学生们的认知心理、情感特征以及高校英语跨文化教学所应遵循的规律等。教师个人所具备的高校英语跨文化教学能力以及其在高校英语跨文化教学中所使用的教学方法等，将直接影响作用于学生们对于跨文化学习的效果。现在我们的高校英语教师队伍普遍存在着文化知识与交际能力不够的问题，在教学过程中采用的教学方法及模式比较传统，已经无法满足当前跨文化交际人才培养飞速发展的需求。教师队伍此类问题的存在，同当前的高校英语教师缺乏跨文化培训有着较为直接的关系。因此，各大院校应注意对高校英语教师进行有意识、有目标的跨文化培训，通过培训来增强教师们的跨文化意识，提升高校英语教师的跨文化素质与修养，从更为开阔的视域来鼓励高校英语教师将跨文化的意识与思想融入当前的高校英语教学之中，从而更为有效地提升高校英语学生们的跨文化交际素养与能力的培养。客观地说，基于目前我国的高校英语跨文化教学现状，对于高校英语教师进行有目标的培训，从跨文化交际能力以及跨文化教学方法等层面来进行有意识的训练，已经成为势在必行的事情了。

二、教师跨文化训练的目的

（1）希望通过有效的跨文化训练，高校英语教师能够较为有效地拓展已有的文化知识内容，使其文化知识储备得以有效地增加，从而促使高校教师队伍能够从更深的层面对跨文化交际的意识及能力有更为深入的理解与认识。此外，通过有效的跨文化训练项目的实施，促使高校英语教师能够对语言、文化与交际之间存在的密切关系有更为深刻的理解与认识。通过跨文化训练，帮助教师们正确对待不同民族文化之间存在的差异性，从而对英语这一语言作为国际交流沟通的中介及"世界普通话"身份在国际性语言上的重要性，有更深一层的认识与解读。

（2）通过有效的跨文化培训，帮助高校英语教师提升其文化敏感性与跨文化交际意识，使英语教师们能够更为深切地认识到文化在我们人类社会生产、生活等方面的重要作用，认识到跨文化交际所能够产生的重大影响，从而将高校英语跨文化教学的功能充分地发挥出来，建构起高校英语教师主动积极了解异族文化、主动积极地同来自不同文化背景的外国人进行交流沟通的意识。在成功的跨文化培训后，培养起高校英语教师们发现并且接受不同民族文化之间存在的差异性的敏感度，帮助他们建立起面对异族文化时所应具备的宽容、开放的态度，能够以正确的态度与方式对待民族文化之间存在的差异性。

（3）通过有效的跨文化培训，帮助高校英语教师对自己的文化行为不断地进行自我调节，从而具备根据不同的民族文化的特点，及时灵活地对自我的交际方式与交际策略进行调整，从而使自己更好地适应源于不同文化背景的文化群体的交际模式，能够同具有不同文化背景的不同的文化群体进行有效顺畅的沟通交际，并进一步建立起友好的合作交流关系，以便更好地提升自己的跨文化交际能力。

（4）通过有效的跨文化培养，帮助高校英语教师进一步明确文化教学的意义和目的，能够对高校英语教师的教学大纲及教案的编写与设计起到帮助作用，使高校英语教师从英语文化教材的选用到教材内容的使用，都建立起一套系统完善的方法，能够进行适当的课外材料的补充，通过采用合理有效的文化教学的方法与手段，合理地布置文化教学的任务与练习，并且能够制定出合理的、操作性强的评估方案对文化教学效果进行检测。

三、教师跨文化交际能力训练的方法

跨文化交际发生的环境，具有多种情态，进行跨文化交际的目的，也是因交际者的不同目的而不同的，因此，在跨文化交际发生的过程中，对于交际行为的调适过程，也是不相同的。在繁多的培训目的之中，对于不同的目的相应采取的培训方法、归属的培训种类必然也是不同的。具体来说，有六种不同的培训方法：

（一）文化现实培训

这种培训方法的形式多为讲座、案例分析、阅读、看电影、讨论、问答等传统的教学方式，主要是由培训者组织教学，并对受训者传授其培训所需要的各种文化知识内容。

（二）归因培训

这种培训方法主要是针对受训者对目的语言民族的文化价值观念的认识

与理解而进行的，有助于受训者迅速地对目的语言民族的文化价值标准有更为深入的理解与认识，从而根据自己在培训中所接受理解的关于目的语言民族的文化价值标准,去衡量判断自己在同目的语言民族的人进行交际时的言行举止，并根据目的语言民族的文化价值标准对自我行为进行调适，在此基础上进行归因分析。这种培训方式主要是针对移民与旅居者进行的，有助于帮助这些人能够以更快的速度和更好的方式融入目的语言的民族文化中。

（三）文化意识培训

这种培训方式主要是介绍目的语言民族文化所具有的独特的概念、特征以及在同本民族母语文化进行比较时存在的文化差异的本质。培训的目的是帮助受训者增强其在跨文化交际行为中的文化意识，从而在其思想深处树立起较为牢固的文化相对论观念。这种培训方式通常借鉴人类文化学的研究成果，把目的语言的民族文化和受训者的母语文化作为分析的实例,来进行培训与分析。

（四）认知行为调整

这是一种处理跨文化交际中出现特殊问题的调适方法的培训，专门针对在跨文化交际过程中可能出现的一些问题，通过理论学习来进行解决的培训。对于受训者在对目的语言文化学习过程中感觉特别难以接受与理解认识的一些文化内容，可以通过引导受训者将自己民族母语文化之中的那些值得表扬与受到批评的活动罗列出来，然后再同目的语言民族文化中对于同一项活动所秉持的不同的态度与方法进行比较分析，从而进行较为深入的解读与认识。

（五）体验式学习

这是一种针对具体文化的培训方式，同受训者所接受的文化意识的培训完全不同，体验式培训就是调动起受训者行为、情感及认知各个层面的活动因素，通过实地考察、情景练习、角色扮演等体验学习的方式，通过为受训者创造一个身临其境的体验实践来达到培训的目的。

（六）互动式学习

这是一种通过为受训者创造一些能够直接同目的语言民族文化的人或者是那些具有极为丰富的跨文化交际的人结对进行相互学习的培训方式，是一种互动性的培训方式，能够帮助受训者从更为广阔真切的层面来对目的语言民族文化进行了解与认识。

外语教师的跨文化教学能力与跨文化教学能力的培训，不是单方面就能完成的事情，涉及文化意识、文化知识，还有教学能力等方方面面的问题，是需要外语教学、文化学、社会学、跨文化交际学等多个学科的专家学者来共同合作完成的培训任务。在培训过程中，培训教师需要对培训的内容、项目进行精心而又充分的准备，与此同时，受训者也要高度配合。高校英语教师的跨文化培训是一个漫长的过程，不可能通过一次、两次培训就将作为一名高校英语教师所需要的全部知识技能都掌握了。在进行教师培训时将有所侧重，要重点放在对教师自我能力提高的自学方法上，培养教师们自主学习与提高的意识，在培训中鼓励教师构建起勇于探索创新的精神。

参考文献

[1] 王景文.跨文化交际与高校英语教学研究[M].长春：吉林出版集团股份有限公司，2022.

[2] 金鑫.高校英语公共教学与跨文化交际研究[M].北京：中国大地出版社，2022.

[3] 黄文静.多元文化视域下的高校英语教学研究[M].北京：中国商业出版社，2022.

[4] 薛金梅.文化全球化与高校英语跨文化教学[M].哈尔滨：北方文艺出版社，2022.

[5] 张蓉.高校跨文化交际英语教学策略研究[M].北京：中国农业出版社，2022.

[6] 周嫚，段潇乐，马燕.高校英语教学的基础理论与应用研究[M].长春：吉林出版集团股份有限公司，2022.

[7] 王丽红.高校英语课程改革与发展[M].长春：吉林出版集团股份有限公司，2022.

[8] 尚志芹.基于文化的英语语言教学理论研究[M].长春：吉林出版集团股份有限公司，2022.

[9] 赵岩，王思懿，杨东野.英语语言学与翻译技巧[M].北京：清华大学出版社，2022.

[10] 蒋丽霞.文化视域下的高校英语教学研究[M].北京：北京工业大学出版社，2021.

[11] 高云柱.跨文化交际与高校英语教学融合发展研究[M].北京：新华出版社，2021.

[12] 宏杰. 基于跨文化交际理论的高校英语教学创新探究[M]. 北京：新华出版社，2021.

[13] 秦初阳，孙金凤，丽娜. 跨文化视域下的高校英语教学理论体系重构探索[M]. 长春：吉林人民出版社，2021.

[14] 夏丹. 文化与英语教学研究[M]. 北京：中国纺织出版社，2021.

[15] 高红梅，管艳郡，朱荣萍. 高校英语教学创新性研究[M]. 长春：吉林人民出版社，2021.

[16] 刘蕊. 教育生态化视角下高校英语教学创新研究[M]. 长春：吉林出版集团股份有限公司，2021.

[17] 刘秋成. 高校英语写作中的声音构建研究[M]. 长春：吉林大学出版社，2021.

[18] 沈红. 基于在线课程平台的高校英语混合式教学模式研究[M]. 北京：中国商业出版社，2021.

[19] 陈莹. 英语翻译理论与实用文体翻译研究[M]. 西安：西北工业大学出版社，2021.

[20] 康洁平. 信息化背景下高校英语混合式教学模式探索与应用[M]. 北京：中国书籍出版社，2021.

[21] 徐刚. 高校英美文学教学理念与模式研究[M]. 天津：天津人民出版社，2021.

[22] 罗瑞. 现代英语教学理论与发展的多维研究[M]. 北京：科学技术文献出版社，2021.

[23] 李清. 高校英语跨文化教学研究[M]. 长春：吉林人民出版社，2020.

[24] 刘强. 文化全球化与高校英语跨文化教学[M]. 北京：中国纺织出版社，2020.

[25] 韩露. 基于中西文化差异的高校英语翻译技巧探究[M]. 长春：吉林出版集团股份有限公司，2020.

[26] 肖春英. 跨文化交际与高校英语教学研究[M]. 天津：天津科学技术出版社，2020.

[27] 刘冠东. 高校学生英语跨文化交际能力培养研究[M]. 延吉：延边大学出版社，2020.

[28] 王妮. 高校英语中的跨文化教学创新研究[M]. 长春：北方妇女儿童出版社，2020.

[29] 扁晓倩. 文化差异背景下高校英语翻译教学策略研究[M]. 长春：吉林科学技术出版社，2020.

[30] 阮国艳. 跨文化交际英语教学与研究[M]. 北京：中国纺织出版社，2020.

[31] 张金焕. 高校英语教学设计优化与模式改革研究[M]. 长春：吉林人民出版社，2020.

[32] 赵丽. 互联网背景下高校英语教育的创新发展[M]. 长春：吉林人民出版社，2020.

[33] 刘爱玲，魏冰，吴继琴. 英语语言学与英语翻译理论研究[M]. 长春：吉林出版集团股份有限公司，2020.